Mensch und Macht

Marx, Durkheim, Simmel, Weber, Gehlen

von

Annika Wagner

Tectum Verlag
Marburg 2004

Wagner, Annika:
Mensch und Macht.
Marx, Durkheim, Simmel, Weber, Gehlen.
/ von Annika Wagner
- Marburg : Tectum Verlag, 2004
ISBN 978-3-8288-8719-0

Tectum Verlag
Marburg 2004

„Die Zerlegung der Natur in ihre einzelnen Teile, die Sonderung der verschiednen Naturvorgänge und Naturgegenstände in bestimmte Klassen, die Untersuchung des Innern der organischen Körper nach ihren mannigfachen anatomischen Gestaltungen war die Grundbedingung der Riesenfortschritte, die die letzten 400 Jahre uns in der Erkenntnis der Natur gebracht. Aber sie hat uns ebenfalls die Gewohnheit hinterlassen, die Naturdinge und Naturvorgänge in ihrer Vereinzelung, außerhalb des großen Gesamtzusammenhangs aufzufassen; daher nicht in ihrer Bewegung, sondern in ihrem Stillstand, nicht als wesentlich veränderliche, sondern als feste Bestände, nicht in ihrem Leben, sondern in ihrem Tod. Und indem, wie dies durch Bacon und Locke geschah, diese Anschauungsweise aus der Naturwissenschaft sich in die Philosophie übertrug, schuf sie die spezifische Borniertheit der letzten Jahrhunderte, die metaphysische Denkweise. [...] Diese Denkweise erscheint uns auf den ersten Blick deswegen äußerst plausibel, weil sie diejenige des sogenannten gesunden Menschenverstandes ist. Allein der gesunde Menschenverstand, ein so respektabler Geselle er auch in dem hausbackenen Gebiet seiner vier Wände ist, erlebt ganz wunderbare Abenteuer, sobald er sich in die weite Welt der Forschung wagt; und die metaphysische Anschauungsweise, auf so weiten, je nach der Natur des Gegenstandes ausgedehnten Gebieten sie auch berechtigt und sogar notwendig ist, stößt doch jedesmal früher oder später auf eine Schranke, jenseits welcher sie einseitig, borniert, abstrakt wird und sich in unlösliche Widersprüche verirrt, weil sie über den einzelnen Dingen deren Zusammenhang, über ihrem Sein ihr Werden und Vergehn, über ihre Ruhe ihre Bewegung vergisst, weil sie vor lauter Bäumen den Wald nicht sieht."

Friedrich Engels

Inhalt

Schlusswort

Zum Geleit

Die Problematik um das Individuum zwischen Macht, Herrschaft und politischer Handlungsfähigkeit erschließt das Buch, indem es prüft, wie bestimmte Soziologen die gesellschaftliche Realität und darin die Verortung des Individuums ausweisen – ob legitimatorisch, affirmativ oder analytisch-kritisch und erklärend. Wenn ein solches Thema in einem überschaubaren Rahmen bewältigt werden soll, muss eine Auswahl unter den möglichen soziologischen Theorieansätzen getroffen werden. Zu diesem Zweck könnte man auf das sich nach wie vor lustig drehende Karussell postmoderner ‚Theorie‘ springen, um eine weitere Variante der schon häufig vertretenen These der endgültigen Diffusion von Macht und Herrschaft unter ein Konglomerat politischer und außerpolitischer Akteursgruppen bei gleichzeitiger maximaler Individualisierung wie auch vollendeter Selbstdisziplinierung der Subjekte zu präsentieren. Das wäre aber nutzlos und langweilig. Demgegenüber ist die von der Autorin gewählte Vorgehensweise, Klassiker zu befragen, sehr produktiv. Indem die abschließenden Ausführungen, in denen die Ergebnisse dieser Befragung mit Überlegungen zu aktuellen Theorieversuchen über gesellschaftliche Entwicklungen und Handlungsmöglichkeiten konfrontiert werden, zeigen sich nochmals die anhaltende Lebendig- und Fruchtbarkeit von Klassiker-Texten.

Den überzeugend begründet ausgewählten soziologischen ‚Großdenkern‘ Émile Durkheim, Arnold Gehlen, Georg Simmel und Max Weber wird zwar das generelle analytisch-politische Defizit vorgehalten, bei der Bestimmung des Verhältnisses der Individuen zu Gesellschaft und Staat deren systemüberwindende Handlungsmöglichkeiten im Rahmen kollektiver Aktion auszublenden, es wird andererseits aber die Hellsichtigkeit der Beschreibungen der Einbindung des Individuums in die je unterschiedlich festgemachten strukturell-systemischen Zwänge ausdrücklich gewürdigt. Karl Marx biete dagegen eine weiterführende Alternative, weil seiner

Analyse „Kernstrukturen" (J. Ritsert) zu entnehmen seien, die die Möglichkeit auch gesellschaftlicher Entwicklung im dialektischen Zusammenhang von Bewusstseinsentwicklung nicht nur auf der Ebene eindimensionaler Prägekraft von Gesellschaft und vor allem ihrer Ökonomie eröffneten. Der kompetente Umgang mit den Gedankengebäuden der genannten Soziologen ist evident.

Zu Gehlen heißt es, dass er den Menschen als ein gesellschaftliches Wesen anzunehmen, nicht bereit sei. Dem ist entgegen zu halten, dass Gehlens Grundposition gerade die ist, den Menschen exakt so zu definieren, wenn er beschreibt, wie der Mensch zum Menschen wird, „weil er durch planende und vorausschauende Veränderung sich aus ganz beliebigen vorgefundenen Umständen seine Kultursphäre schafft, die bei ihm also an Stelle der Umwelt steht, und die nun allerdings zu den *natürlichen* Lebensbedingungen dieses unspezialisierten und organisch mittellosen Wesens gehört. ‚Kultur' ist daher ein anthropologisch-biologischer Begriff, der Mensch von Natur ein Kulturwesen." Wenn aber der Mensch von Natur ein Kulturwesen ist, trifft der von vielen vertretene Biologismus-Vorwurf Gehlen nicht. Er denkt den Menschen damit immer schon als ein gesellschaftliches Wesen. Vor diesem Hintergrund wäre auch zu diskutieren, ob Gehlens „Bekämpfung des ‚Subjektivismus'" tatsächlich die erbitterte Gegnerschaft gegenüber einer im Rückgriff auf Marx möglichen Auffaltung des Bewusstseinsproblems im Hinblick auf mögliche politische Handlungsfähigkeit zeigt. Vielleicht hat er nur richtig erkannt, dass es auch im „Reich der Freiheit" Institutionen geben muss, so wie alle chiliastischen Reiche nicht nur durch äußere Intervention, sondern auch wegen fehlender funktionstüchtiger Institutionen gescheitert sind. Es könnte sein, dass die mit Marx zur Reflexion und folgender Beseitigung der überkommenen Verhältnisse Aufzurufenden über die Gehlen abgesprochene Reflexionsfähigkeit durchaus verfügen, aber die von Marx selbst so bezeichneten „goldenen Ketten" bewusst gar nicht sprengen wollen.

Für die Beantwortung der das Buch leitenden Fragestellung ist weiterhin die realsoziologisch zentrale Passage aus „Der achtzehnte Brumaire des Louis Bonaparte" entscheidend, wo Marx schreibt: „Die Menschen machen ihre eigene Geschichte, aber sie machen sie nicht aus freien Stükken, nicht unter selbstgewählten, sondern unter unmittelbar vorgefundenen, gegebenen und überlieferten Umständen. Die Tradition aller toten Geschlechter lastet wie ein Alp auf dem Gehirne der Lebenden." Dieses Zitat wird unter Rekurs auf Claus Rolshausen diskutiert, der „Zwischenräume" von Handlungsmöglichkeiten der „Beherrschten" bei gleichzeitiger Abhängigkeit der „Herrschenden" sieht, und folgendermaßen kommentiert: „Stellt sich die Frage, ob und wie dies in soziologischer Theoriebildung ‚auf den Begriff‘ gebracht wird."

Es stellt sich die Frage, wie „eine kritisch verfahrende Soziologie in aufklärender Absicht" außerhalb universitärer Freiräume denkbar und praktikabel sein könnte?

Dazu wird Marx angeführt: „Die Entwicklung der Widersprüche einer geschichtlichen Produktionsform ist jedoch der einzige geschichtliche Weg ihrer Auflösung und Neugestaltung." Es ist aber zu bezweifeln, dass Marx damit soziologischen Aufklärern den Weg weisen wollte, da er in direktem Anschluss an das Zitat als Illustration die innovativen Leistungen der von Fachfremden ausgelösten technischen Umwälzungen (Uhrmacher – Dampfmaschine, Barbier – Kettenstuhl, Juwelierarbeiter –Dampfschiff) angibt. Die Kommentierung dieses Zitats scheint mir deswegen die Unentschiedenheit bei Marx angesichts seines nicht zu leugnenden Geschichtsdeterminismus‘, in dem autonom-reflektierende Individuen kaum Chancen haben, zu Subjekten der grundstürzenden Umwälzungen zu werden, und der heute global gegebenen Monopolstellung des Kapitalismus‘ auf den (wunden) Punkt zu bringen: „Es sind also gerade die Widersprüche, an denen sich das Individuum stößt und die so den Gedanken der Überwindbarkeit gesellschaftlicher Verhältnisse ermöglichen können, ihn aber nicht sui generis provozieren." Aber welche Rolle spielt dann die kritische Soziologie, wenn man zum Beispiel bedenkt, dass bereits Anfang der dreißiger Jahre des vorigen Jahrhunderts in der berühmten Untersuchung der „Arbeitslosen von Marienthal" minutiös dokumentiert wurde, dass ‚die Widersprüche' von den vor der Arbeitslosigkeit mit großer Mehrheit sozialistisch orientierten Betroffenen voll erkannt worden waren, ihre Gedanken aber nur um das Überleben kreisten. In den Marienthals dieser Welt wird der Gedanke der Überwindbarkeit nicht gepflegt – und außerhalb erst recht nicht. Damit ist kein Abgesang auf die kritische Soziologie angestimmt worden. Es wird vielmehr gefragt, wie, wo und vor wem sie zu Gehör gebracht werden kann?

Carsten Klingemann
Universität Osnabrück

Einleitung

Die Problematik um das Individuum zwischen Macht und Herrschaft und politischer Handlungsfähigkeit, hier die leitende Frage, beschäftigt nicht nur die Soziologie und ihr verwandte Wissenschaften, sie ist auch Gegenstand politischer bis alltäglicher Diskussionen. Sind gesellschaftliche Strukturen und Institutionen durch *das* Individuum, das in sie ‚hineingeboren' wird, überwindbar? Sind Strukturen und Institutionen so angelegt und inzwischen verfestigt, dass sie für ihren Selbsterhalt sorgen und so ihre Veränderung bis Überwindung nahezu unmöglich wird? Ist aus der ‚Veranlagung', der ‚Natur' des Menschen überhaupt auf eine politische Veränderungsbereitschaft zu schließen? Oder ist es sein Schicksal, sich „mit Haut und Haaren" (Gehlen) von den Institutionen vereinnahmen, leiten zu lassen? Sind Menschen so veranlagt, den ‚Weg des geringsten Widerstandes' einzuschlagen? - eine Frage nach menschlicher Motivation, einem Schlüsselbegriff der Psychologie, die in behavioristischer Erbschaft oft auf der Ebene des Homöostaseprinzips beantwortet wird (vgl. Kerber, Schmieder, 1998, 352ff).

Solche Fragen sind hier nicht abschließend zu beantworten; sie konturieren aber den vorwissenschaftlichen bis wissenschaftlichen Problemhorizont, dem ich mich hier entlang ausgewählter soziologischer Theorieansätze annähern will. Erklärungsansätze und ihre jeweiligen Sichtweisen sind zu erschließen, sind danach zu befragen, wie sie ‚gesellschaftliche Realität' und darin die Verortung des Individuums ausweisen - ob legitimatorisch, affirmativ oder analytisch-kritisch und erklärend.

Um den ausgewählten Theorien annäherungsweise gerecht zu werden, ist ihre Aufnahme, um Substanzverluste zu vermeiden, für den Zweck kritischer Reflexion soweit reflektierend angelegt, als es für die Darstellung deren immanenten Argumentationsstranges geboten erscheint.

Ein Rekurs auf die Marxsche Analyse scheint darum unverzichtbar, weil er entlang der Entfaltung der Kategorien der Kritik der politischen Ökonomie Gesellschaft eben nicht als ‚bloßes Interaktionssystem' begreift oder ‚abstraktes Gebilde', sondern in ihrer Totalität, als historisch gewordenes, von Strukturen bestimmtes, aber sich doch bewegendes Ganzes.

Interessant wäre eine ergänzende sozialpsychologische Auslotung dieses Themas, bezogen auf das persönlich-biographische Umfeld des Individuums. Wie und unter welchen Bedingungen gelingt es den Individuen in ihrem biographischen und alltäglichen Lebenszusammenhang ‚geschichts'mächtig zu sein und sich von gegebenen Bedingungen zu emanzipieren? Wie und unter welchen Bedingungen löst sich das Individuum aus den ‚Wahrheiten', die vormals (z.b. während der Kindheit) als naturgegeben und unabänderlich erlernt wurden? In welchem Verhältnis steht die biographische Handlungsfähigkeit zu der politischen Handlungsfähigkeit? Kann ein Individuum, das sich biographisch nicht emanzipiert und aus den gegebenen Zwängen und Wahrheiten nicht gelöst hat, politisch handlungs- und kritikfähig sein? Doch solche Fragen weisen über das gestellte Thema hinaus.

Hintergründe soziologischer Theoriebildung in frühbürgerlichen Gesellschaftsvorstellungen und ‚Menschenbildern'

Hobbes (1588 - 1679) war es, der im Charakter des von ihm hypothetisch angeführten Naturzustandes und seiner daraus resultierenden Menschenbildkonzeption zu dem Schluss kam, Menschen strebten nach immer mehr Macht übereinander: denn „der Ursprung der großen und dauernden Verbindungen der Menschen (ist) nicht von gegenseitigem Wohlwollen, sondern von gegenseitiger Furcht ausgegangen" (Hobbes, 1959, 79). Dabei macht er in Bezug auf die (früh-)bürgerliche Gesellschaft das Resultat zu seiner eigenen Voraussetzung (vgl. auch zum folgenden Kerber/Schmieder, 1991, 343ff). Im vorvertraglichen Gesellschaftszustand des ‚bellum omnium contra omnes', ist der Mensch als des Menschen Wolf gedacht, nur auf seinen eigenen Vorteil bedacht und nur durch Angst davor zu bändigen, dass andere ihm antun könnten, was er ihnen anzutun bereit und gezwungen ist; „nicht als ein Wesen, das von der Vernunft geleitet wird, sondern als ein Wesen, das um sein Leben kämpfen muß; nicht als allgemeines Wesen, sondern als Einzelwesen" (Jonas, 1976, 67) - hier findet sich die Lösung des Problems vorgezeichnet. Schon im „Urvertrag als Unterwerfungsvertrag" (Kerber/Schmieder, 1991, 351) ist der Möglichkeit nach angelegt, Rechte des einzelnen auf den Souverän für den Zweck der Sicherheit aller einzelnen und um den Preis der Beschränkung der Freiheit zu übertragen. So entsteht der *„große Leviathan [...], der sterbliche Gott,* dem wir unter dem ewigen Gott allein Frieden und Schutz zu verdanken haben. Dieses von allen und jedem übertragene Recht bringt eine so große Macht und Gewalt hervor, daß durch sie die Gemüter aller zum Frieden unter sich gern geneigt macht" (Hobbes, 1976, 155). Über den ‚Souverän' als Summe aller abgegebenen ‚Machtbestandteile' kann ‚gesellschaftliche Ordnung' besorgt werden. Furcht also ist es letzten Endes, die den Menschen (nach der methodisch naturwissenschaftlichen Vorstellung von Hobbes) zum sozialen Wesen werden lässt. Dass die Menschen unter bestimmten gesellschaftlichen

Bedingungen erst und vorerst gezwungen sind, aufgrund der „Macht" ih-res „Eigennutzes, ihres Sondervorteils, ihrer Privatinteressen" in be-stimmter Weise „in ein Verhältnis" zu treten, sollte später von Marx analy-siert werden. Gesellschaftliche Integration hat für Hobbes nichts mit Frei-heit zu tun, „sondern sie gründet sich gerade auf der Furcht vor der natür-lichen Freiheit des Menschen." (Jonas, 1976, 71) Dabei garantiert der Staat bloß Leben und Vermögen des einzelnen, „aber er emanzipiert die-sen einzelnen nicht. Freiheit heißt private Freiheit, nicht öffentliche Frei-heit. Im öffentlichen Sinn heißt Freiheit immer Freiheit des Staates, nicht Freiheit des Bürgers." (ebd., 73)

Für Locke (1632 - 1704) war der Mensch weder ein soziales noch ein asoziales Wesen, das aus seiner Erfahrung zu lernen hat: „Wir alle sind eine Art Chamäleon und nehmen die Farbe der Dinge an, die in unserer Nähe sind"; denn was Menschen am meisten beeinflusse, sei „die Ge-sellschaft, in der sie verkehren, und die Art, wie ihre Umgebung sich be-nimmt." (Locke, 1970, 67) Der Vertragsgedanke wird bei Locke im Sinne der Legitimierung des Marktgeschehens gewendet: „Freiheit des einzel-nen meint vornehmlich seine Freiheit als Eigentümer und Wirtschafts-subjekt, gesellschaftliche Integration folgt aus den Handlungszusammen-hängen der als Bürger gefaßten Individuen." (Kerber/Schmieder, 1991, 354) Dies verdanke sich dem Naturzustand. So schreibt er über das Ei-gentum, dass Gott zunächst einmal die Welt den Menschen gemeinsam gegeben und auch Vernunft verliehen habe, die sie zum „Vorteil und zur Annehmlichkeit ihres Lebens zu nutzen" haben (Locke, 1974, 22). An-fangs einmal hat niemand „ursprünglich ein privates Herrschaftsrecht", doch „jeder Mensch ein Eigentum an seiner eigenen Person." Daraus folgt, dass die „Arbeit seines Körpers und das Werk seiner Hände [...] im eigentlichen Sinne sein" sind. Was die Erde bietet „hat er mit seiner Arbeit gemischt und hat ihm etwas hinzugefügt, was sein eigen ist - es folglich zu seinem Eigentum gemacht", es somit dem „Zustand des gemeinsamen Besitzes enthoben" und damit „das gemeinsame Recht der anderen Menschen" ausgeschlossen (ebd.): „Soviel Land ein Mensch bepflügt, bepflanzt, bebaut, kultiviert und soviel er verwerten kann durch die Nutzung seines Ertrages, soviel ist sein eigen. Durch seine Arbeit grenzt er es gleichsam gegen das Gemeingut ab." (ebd., 25) Durch die Einführung des Geldes wird diese natürliche Begrenzung aber schon im Naturzustand aufgehoben, und weil Geld nicht verderblich ist, ist für den Fleißigen die natürliche Begrenzung beim Eigentumserwerb nicht mehr gegeben (vgl. ebd., 29), er kann akkumulieren. Geld selbst kann zum Gegenstand des Bereicherungstriebes werden. Dadurch kann sich auch (gleichsam ,differenzierungstheoretisch' und sozialstrukturell) Ungleichheit entfalten. Es entstehen zwei Klassen, die (immer schon fleißigeren) Grundeigentümer und Kapitalisten, und die (immer schon weniger fleißigen) Eigentümer bloß ihrer Arbeitskraft, die abhängig zu beschäftigen sind. Vollbürger und politisch Entscheidende sind nur Grundbesitzer und Kapitalisten: „Damit ist die liberale Leitvorstellung sowohl über die Naturalisierung des Produktionsprozesses thematisiert als auch die Vorstellung einer Trennung von Gesellschaft und Politik, wobei letztere nur dem Schutz des Eigentums zu dienen hat." (Korbor/Schmieder, 1991, 356) Der Lohnarbeiter, der sich anschickte, die historische Bühne zu betreten, war als solcher mit zwar Rechten auf Schutz seines Eigentums, ansonsten aber als zu seinem eigenen Wohl ,anzuwendender' Mensch ausgewiesen. Mit Marx kam dann erst eine dezidierte sozialhistorische, ökonomische und soziökonomische Forschung auf, wie sich das Industrieproletariat im Übergang von der feudal-agrarischen zur bürgerlich-kapitalistischen Epoche herausgebildet hat.

In der schottischen Moralphilosophie wird Moral als eine innergesellschaftliche Angelegenheit begriffen; nächst der Gesellschaftslehre von Hume (1711 - 1776), mit der der Gegensatz von Natur und Freiheit und von Staat und Bürger überwunden wurde (vgl. ebd., 356f), eine weitere Wendung hin zum Menschen und seiner Handlungsfähigkeit. Ferguson (1723 - 1816) und Smith (1723 - 1790) sind hier vorrangig zu nennen. In Fergusons Handlungslehre führt der Mensch ein Leben durch Lernen aus Erfahrung und entwickelt dank seiner ,Plastizität' verschiedene Handlungsmöglichkeiten - auch im Hinblick auf seine gesellschaftlichen Verfassungen. Nicht durch Vernunft, sondern aus ,Gewohnheit' entwickelt

sich Berechenbarkeit des Verhaltens; sie tritt an die Stelle der Instinktre-
gulierung bei Tieren (vgl. ebd.). Auch für Smith ist nicht Vernunft der Antrieb für gesellschaftliche Entwicklung, sondern dem Selbsterhaltungstrieb
und der Fortpflanzung (die egoistische Natur des Menschen) folgende
Leidenschaften. Das Nutzenkalkül des Handelns und Verhaltens rechnet
die Bewertung durch andere mit ein: „in gleicher Weise billigen oder miß-
billigen wir unser eigenes Betragen, indem wir uns in die Lage eines anderen Menschen versetzen und es gleichsam mit seinen Augen und von
seinem Standort aus betrachten" (Smith, 1977, 167); und weiter: „Wenn
ich mich bemühe, mein eigenes Verhalten zu prüfen, wenn ich mich bemühe, über dasselbe ein Urteil zu fällen und es entweder zu billigen oder
zu verurteilen, dann teile ich mich offenbar in all diesen Fällen in gleichsam zwei Personen." (ebd., 170) Smith spricht hier vom „man within" oder
dem „inhabitant of the breast" (womit er Grundzüge des Behaviorismus
um Jahrhunderte vorwegnahm). Insofern ist hier auch die Grundlage gegeben, nach der sich Selbstinteresse und gesellschaftliche Integration
einander bedingen. Über die „invisible hand" (Smith), die in jedem einzelnen wirke, soll sich das gesellschaftliche Ganze selbst regulieren, gesellschaftliche Integration soll aus den Handlungen der Menschen erfolgen.
Smith sieht allerdings selbst, dass sich ein soziales, integratives Gleichgewicht nicht zwingend aus dem wie bei ihm spezifisch definierten Inter-
aktionshintergrund ergibt, für den Fall von Turbulenzen tritt auch bei ihm
der Staat auf den Plan. Die Ausbreitung der Industrialisierung und auch
die in England wirksam werdenden Ideen und Folgen der Französischen
Revolution ließen seine „Theorie zur Ideologie werden." (Ker-
ber/Schmieder, 1991, 361) Macht und Herrschaft, ihre Fundierung in und
aus Positionen innerhalb des gesellschaftlichen ‚Klassensystems', wurden unübersehbar. Wie eine „invisible hand" (so Smith) wirksam wird, und
das je ‚klassenspezifisch' und nicht nur handlungsanleitend, sondern (bei
Strafe des Untergangs) handlungs'determinierend', sollte erst Marx auf
dem Hintergrund seiner Analyse der Anatomie der bürgerlichen Gesellschaft im (klassenspezifischen) Begriff der „Charaktermaske" deutlich
machen.

Schon in frühbürgerlichen Gesellschaftsvorstellungen gaben Besitz, Eigentum, Übervorteilung, Macht und Herrschaft die Problemkonturen der Theoriebildung ab. Nicht nur in England, auch in Frankreich wurde das übergreifende Problem gesellschaftlicher Integration thematisiert, da zunächst von Montesquieu (1689 - 1755), der für Comte und Durkheim der Begründer der Soziologie war. Für ihn war die menschliche Natur dadurch ausgezeichnet, dass sie nach Selbsterhaltung, Frieden, Fortpflanzung und Geselligkeit strebe (vgl. ebd., 343ff). Für Rousseau (1712 - 1778) sind die Gesetze, in denen sich die Naturordnung der Gesellschaft über politische Gewalt verwirklicht, Resultat des „volonté générale": „Wenn man also beim Gesellschaftsvertrag von allem absieht, was nicht zu seinem Wesen gehört, wird man finden, daß er sich auf folgendes beschränkt: *Gemeinsam stellen wir alle, jeder von uns seine Person und seine ganze Kraft unter die oberste Richtschnur des Gemeinwillens; und wir nehmen, als Körper, jedes Glied als untrennbaren Teil des Ganzen auf.* Dieser Akt des Zusammenschlusses schafft augenblicklich anstelle der Einzelperson jedes Vertragspartners eine sittliche Gesamtkörperschaft" (Rousseau, 1977, 18). Im Hinblick auf die Natur des Menschen scheint ihm - zivilisationskritisch mit Blick auf das soziale Elend - der Zustand von Gesellschaft nicht tragbar. „Das erste Gefühl des Menschen war das seiner Existenz", schreibt er über die „Ungleichheit", seine erste Sorge habe deren Erhaltung gegolten, wobei ihm die Erzeugnisse der Erde „alle nötigen Nahrungsmittel" geliefert hätten (Rousseau, 1978, 191f): „Der erste, der ein Stück Land eingezäunt hatte und dreist sagte: ‚Das ist mein' und so einfältige Leute fand, die das glaubten, wurde zum wahren Gründer der bürgerlichen Gesellschaft. Wieviele Verbrechen, Kriege, Morde, Leiden und Schrecken würde einer dem Menschengeschlecht erspart haben, hätte er die Pfähle herausgerissen […] und seinesgleichen zugerufen: ‚Hört ja nicht auf diesen Betrüger. Ihr seid verloren, wenn ihr vergeßt, daß die Früchte allen gehören und die Erde keinem!'" Doch hängt „dieser Begriff des Eigentums […] von so vorausgehenden Begriffen ab, die nur nach und nach entstehen konnten, daß er sich nicht auf einmal im menschlichen Geist bildete." (ebd., 191ff)

(Proudhon, Gegner des Kommunismus und doch für die Vernichtung des kapitalistischen Privateigentums, sollte in seinem 1841 erschienenen Buch „Was ist Eigentum" zu dem Schluss kommen, Eigentum sei im Grunde nichts anderes als Diebstahl. [vgl. Rjazanov, 1973, 68]) Zivilisatorische Errungenschaften verbürgen zwar Daseinssicherheit, aber eben um den Preis des Verlustes natürlicher Unschuld und ursprünglichen Glücks aus absoluter (Selbst-)Genügsamkeit. „Der Wilde ist allein, müßig und stets von Gefahr umringt" (Rousseau, 1978, 105): *„Der Kampf mit der Natur,* den der Wilde durch seine Integration in die Gesellschaft überwunden hat, bricht als *Kampf innerhalb der Gesellschaft* wieder auf." (Waibl, 1988, 171) Der „volonté générale" zielt gegen die gesellschaftliche Zerissenheit und darauf, „daß der Gesellschaftszustand einem moralischen Naturzustand entspricht und die gesellschaftlichen Gesetze den Charakter von Naturgesetzen haben. Folgt der Mensch in sich selbst dem Gemeinwillen, so ist er frei." (Kerber/Schmieder, 1991, 349) Somit geht es Rousseau um eine der Natur des Menschen entsprechende Form von Gesellschaft.

Nach Kant (1724 - 1804), wie hier auch nur kursorisch angemerkt werden kann, muss sich demgegenüber der Mensch „von der Nabelschnur der Natur, auch und gerade seiner eigenen, befreien und gemäß seinen Vernunftanlagen entwickeln." (ebd. 363) Eine schwierige Aufgabe, deren, wie Kant schreibt, „vollkommene Auflösung [...] unmöglich (ist): aus so krummem Holze, als woraus der Mensch gemacht ist, kann nichts ganz Gerades gezimmert werden. Nur die Annäherung zu dieser Idee ist uns von der Natur auferlegt." Und in der Anmerkung zu diesem Satz erläutert er: „Die Rolle des Menschen ist also sehr künstlich" und „nur die Gattung kann dieses hoffen." (Kant, 1977, 41) Aufklärung ist der Schlüssel zum *„Ausgang des Menschen aus seiner selbst verschuldeten Unmündigkeit. Unmündigkeit* ist das Unvermögen, sich seines Verstandes ohne Leitung eines anderen zu bedienen. *Selbstverschuldet* ist diese Unmündigkeit, wenn die Ursache derselben nicht am Mangel des Verstandes, sondern der Entschließung und des Mutes liegt, sich seiner ohne Leitung eines anderen zu bedienen." (ebd., 53; Kursivierung im Original gesperrt) Wie aber, fragt Sarasin (2001, 25) in Bezug auf Kant, soll man sich von der Unmündigkeit und fremder Leitung freimachen, wie soll man „denken und wissen, ohne zu lesen? [...] Das aufgeklärte Subjekt soll sich vom Rat der Ratgeber freimachen, soll sein Leben nach Maßgabe des eigenen Verstandes führen, es soll autonom sein. Aber die Geschichte [...] zeigt [...], wie untrennbar dieses von allen Einflüsterungen sich frei wähnende Ich mit den Medien und Agenturen seines Wissens verknüpft ist, wie sehr das Eigenste dieses autonomen Subjekts [...] von machtvollen Diskursen konstituiert wird, die es erst anleiten, die Regulation dieses Eigenen in die Hand zu nehmen." Dem Wahlspruch der Aufklärung zu folgen, „Sapere aude! Habe Mut, dich deines *eigenen* Verstandes zu bedienen!", stehen laut Kant „Faulheit und Feigheit" entgegen, sie sind die Ursachen, „warum ein so großer Teil der Menschen, nachdem sie die Natur längst von fremder Leitung freigesprochen [...], dennoch gerne zeitlebens unmündig bleiben" (Kant, 1977, 53; Kursivierung im Original gesperrt). Demgegenüber braucht es den Mut: „Bangigkeit, Angst, Grauen und Entsetzen sind Grade der Furcht, d.i. des Abscheus vor Gefahr. Die Fassung des Gemüts, die letztere mit Überlegung zu übernehmen, ist der *Mut*" (Kant, 1977b, 586; Kursivierung im Original gesperrt). Jene „Faulheit" und „Feigheit", jener mangelnde „Mut", sie wären zuallererst im Zusammenhang der Subjektkonstitution innerhalb eben bestimmter gesellschaftlicher Bedingungen zu untersuchen und verlangt dann nicht nur Emanzipation des Menschen ‚von seiner Natur' und gibt dem ‚Selbstverschuldenstheorem' konkrete Analyse auf; andererseits, was den ‚Rat der Ratgeber' betrifft, wäre hier Marx' 11. Feuerbachthese anzumerken: „Die Philosophen haben die Welt nur verschieden *interpretiert*, es kömmt drauf an, sie zu *verändern*" (Marx, 1969, 7), und, worauf er in der Kritik der Hegelschen Rechtsphilosohie (1970 b, 391) verweist: „Wie die Philosophie im Proletariat ihre *materiellen*, so findet das Proletariat in der Philosophie seine *geistigen* Waffen, und sobald der Blitz des Gedankens gründlich in diesen naiven Volksboden eingeschlagen ist, wird sich die Emanzipation der *Deutschen* zu *Menschen* vollziehn." Die Essenz dieses Gedankens verweist über die Skepsis gegenüber dem ‚Ratgeberischen' auf die Notwendigkeit einer Analyse der Anatomie der bürgerlichen Gesellschaft, und zwar im Sinne der Anleitung einer Handlungsfähigkeit für Geschichtsmächtigkeit.

Was den hier nur exemplarisch ausgewählten und nur skizzierten frühbürgerlichen Gesellschaftsvorstellungen und ‚Begriffen vom Menschen' zu entnehmen ist, spiegelt auch jeweils als Ansatz für soziologische Theoriebildung geistesgeschichtliche Stränge, die als Theorieentwicklung nur im Kontext unterschiedlicher sozialhistorischer Entwicklung zu verstehen sind, und zwar auch im Hinblick auf ihre kontroversen Betonungen von Aspekten. So hat Toulmin (vgl. Toulmin, 1991, 218) für das 16. und 17. Jahrhundert schon zwei große Entwicklungslinien in der Philosophie herausgearbeitet, wobei jedoch eine Seite, nämlich eine „Vergötzung der gesellschaftlichen Stabilität", dominierte. Aber auch die andere Seite, eher gesellschafts‚skeptische' bis -kritische, lasse sich bis in heutige Theoriebildung verfolgen (vgl. Kerber/Schmieder, 1994, 10ff u. 30f).

Letzten Endes sind damit immer auch Fragen um gesellschaftliche Stabilität und Integration aufgeworfen, um das Spannungsverhältnis von Individuum und Gesellschaft, der daraus und in diesem Zusammenhang zu stellende Frage nach der Notwendigkeit gesellschaftlicher Veränderung und kollektiver Geschichtsmächtigkeit.

Wie innerhalb der Soziologie diese Fragen beantwortet werden, soll hier aspektivisch und nur an wenigen, wenngleich relevanten Theorien thematisiert werden, wobei die Auswahl der inzwischen verschiedentlich als ‚große Erzählungen' diskreditierten Theorien insofern scheint's willkürlich bleibt, als auch andere ‚große Erzähler' exemplarisch ausgewählt werden könnten.

Die Entscheidung fiel jedoch auf Marx, weil seiner Analyse „Kernstrukturen" (Ritsert) zu entnehmen sind, die die Möglichkeit auch gesellschaftlicher Entwicklung im dialektischen Zusammenhang von Bewusstseins-

entwicklung nicht nur auf der Ebene eindimensionaler Prägekraft von Gesellschaft und vor allem ihrer Ökonomie eröffnen.

Sie fiel auf Durkheim, weil bei ihm zentral die Arbeitsteilung, gesellschaftliche Anomie, organische und mechanische Solidarität mit Blick auf gesellschaftliche Integration, implizit aber auch auf ihre Riskanz thematisiert
ist.

Zentral Simmel war es (ohne Tönnies und seine Begrifflichkeit um „Gemeinschaft" und Gesellschaft" unterschlagen zu wollen), der auf das Problem gesellschaftlicher Differenzierung in ihrer Wirkung auf subjektive
Strukturen aufmerksam machte. An ihn schließen Forschungen um Identität und Subjektivität, das Thema der Ambivalenz berührend, an.

Diese Ambivalenz, wir finden sie auf ‚makrosoziologischer' Ebene bei
Weber wieder, der immerhin noch in seiner Reflexion von ‚Teilsystemen'
eine über Kritik zu denkende gesellschaftliche Entwicklung implizit einbe-
zieht wie auch menschliches Handeln. Das lässt ihn interessanter für diesen Argumentationszusammenhang erscheinen als Luhmanns (verdinglichte) „Theorie Sozialer Systeme", von der Maturana (1993, S. 39, Anm.
17), dessen Arbeiten Luhmann immerhin als Beleg heranzieht, sagt: „Für
mich liegt Luhmanns größter Fehler darin, daß er die Menschen ausläßt."

Schließlich Gehlen, der mit seinem „posthistoire"-Theorem / -Ideologem
die Richtigkeit und legitime Übermacht gesellschaftlicher Institutionen gegenüber menschlichem Veränderungswillen festschreiben will.

Zu prüfen wird abschließend und nur kursorisch sein, wie und ob sich
diese Argumentationsfiguren neueren Denkens über Gesellschaft in aktuellen Theorieansätzen zur Erklärung gesellschaftlicher Entwicklung und
solcher subjektiver Strukturen regenerieren, beeindruckt nicht nur vom
Zauberwort ‚Globalisierung' und ‚neuen sozialen Ligaturen', ob und wie
die Botschaften aus Marx'scher Analyse (qualitativ im Hinblick auf gesellschaftliche Entwicklung) überwunden sind, ob es sich vielleicht nicht nur
‚um alten Wein in neuen Schläuchen' handelt.

Es soll lediglich - soziologiekritisch - eine Antwort auf die wie hier behauptet immer noch aktuellen Frage gesucht werden, ob ‚Menschen'
nicht vielleicht doch noch und trotz aller Unkenrufe ihre Geschichte, na-

türlich nicht voraussetzungslos, zu machen in der Lage sind; wenngleich, womit zu rechnen ist, „die Klugheit der Instanzen der bösen Liebe des Volkes zu dem, was man ihm antut, noch vorauseilt" (Horkheimer/Adorno 1947, 142), vielleicht falsche Hoffnung auf dem „herrschaftsfreien Diskurs" (Habermas, 1999) ruhen mag. Über Auseinandersetzung mit der Legitimationsfunktion von Soziologie und der ihrer Affirmation hat eine kritisch verfahrende Soziologie in aufklärender Absicht zu erhellen: „Die Entwicklung der Widersprüche einer geschichtlichen Produktionsform ist jedoch der einzige geschichtliche Weg ihrer Auflösung und Neugestaltung." (Marx, 1971a, 512)

Anatomie der bürgerlichen Gesellschaft:
Ein Rekurs auf Marx' Kritik der politischen Ökonomie

Dass die „Produktionsweise des materiellen Lebens [...] den sozialen, politischen und geistigen Lebensprozeß" bedingt (Marx, 1974, 8f), verweist darauf, dass „Formbestimmtheiten sozialen Handelns [...] aus ökonomischen Kategorien bzw. ‚Zwängen' zu entwickeln (sind), worin die Kernstruktur individueller Verhaltensanforderungen, Bewußtseinsformen und Denkfiguren abgesteckt ist. Nicht also in dem Sinne, daß gesellschaftliches Sein [...] schon in ökonomischen Kategorien ‚enthalten' wären, sondern eher ‚fixiert' sind", „ist die Vermittlung von Individuum und Gesellschaft kategorial zu entfalten." (Schmieder, 1991, 20) Insofern werden durch die gesellschaftliche Produktionsweise Sinnstrukturen geschaffen, die durch das Handeln in subjektive Strukturen übersetzt werden, d.h. „begriffs- und handlungsfähig" gemacht werden (ebd., 19). Der Widerspruchsstruktur der ökonomischen Kategorien entwachsen eben kernstrukturell zu bestimmende *„Handlungsalternativen"* (Holzkamp; zit. n. ebd.), die ebenso handlungs-anleitend werden können (Arbeitskraft als Ware, der Produktionsprozesses als Einheit und Verwertungsprozess und in der Zirkulationssphäre das Wirksamwerden des Doppelcharakters der Ware als Tausch- und Gebrauchswert sind wesentlich zu nennen) (vgl. ebd., 20ff). Auch dies ist in der ‚Anatomie der bürgerlichen Gesellschaft' angelegt, sind gleichsam Initiationsmomente ihrer Entwicklung. Darin ist dann ein Begriff von Gesellschaft zu fundieren.

Ware, Arbeit, Wert

In seinem Werk „Das Kapital" analysiert Marx (1818-1883) die gesellschaftlichen Beziehungen der Menschen in der Produktion und im Austauschprozess ihrer Güter, da, so Marx, die Arbeit kein individueller Vorgang, sondern ein gesellschaftlicher Prozess ist.

Mit dem Begriff der Ware als Ökonomie und Interaktionen überschattende Kategorie beginnt Marx „Das Kapital" Band I. Er deckt analytisch die Trennung zweier Seiten eines aus dem kapitalistischen Produktionsprozess hervorgehenden Produktes (Ware) auf, indem er zwischen „Tauschwert" und „Gebrauchswert" differenziert. Zunächst ist die Ware ein Gegenstand, der menschliche Bedürfnisse befriedigt, ob es sich hierbei um lebensnotwendige Bedürfnisse handelt oder sie dem Genuss bzw. Luxus dienen, spielt in diesem Zusammenhang keine Rolle (vgl. Haug: „Gebrauchswertversprechen"). Aus dieser Eigenschaft der Bedürfnisbefriedigung bezieht die Ware ihren „Gebrauchswert" und wird so selbst zum Gebrauchswert. Dieser Begriff definiert also auch die Beziehung zwischen Konsument und Konsumgut. Der Gebrauchswert ist allerdings nur der stoffliche Reichtum einer Gesellschaft, denn die Ware ist gleichzeitig auch Träger von Tauschwert, der als spezifisches Merkmal arbeitsteiliger Gesellschaft und privater Produktion gilt.

Das Ziel kapitalistischer Produktion ist nicht die Erzielung von Gebrauchswert, der hier als Mittel zum Zweck verkümmert ist. Es ist vielmehr die Produktion des Tauschwertes, die für den Kapitalisten von entscheidender Bedeutung ist, da er Gewinne erzielen will, um weiterhin Kapital akkumulieren und dieses z.T. reinvestieren zu können, wozu er „bei Strafe des Untergangs" (Marx) gezwungen ist, will er konkurrenzfähig bleiben. Insofern ist er zur subjektiven Seite „Charaktermaske" (Marx). Gebrauchswert und Tauschwert können stark differieren, z.B. im Fall von Luft, die einen hohen Gebrauchswert darstellt, ohne nach Marx' Terminologie „Ware" zu sein.

Die Ware besitzt einen „Doppelcharakter" (Marx), wobei der Tauschwert den Charakter der Bedürfnisbefriedigung verdeckt. Was den Waren gemein ist, ist die Eigenschaft, Produkte von Arbeit zu sein. „Diese Dinge stellen bloß noch dar, daß in ihrer Produktion menschliche Arbeitskraft verausgabt, menschliche Arbeit aufgehäuft ist. Als Kristalle dieser ihnen gemeinschaftlichen Substanz sind sie Werte - Warenwerte." (Marx 1971a, 52) Der Tauschwert als eine abstrakte Ausdrucksweise des Wertes setzt sich aus den Kosten zusammen, die für die Produktion aufgewandt werden mussten. Die Kosten der Arbeit könnten je nach Fleiß und Fähigkeiten des Arbeiters, dem technischen Stand und Zustand der Arbeitsgeräte zwar variieren, im Tauschwert stellt sich jedoch ein Durchschnittsgrad gleicher menschlicher Arbeit, die Verausgabung derselben menschlichen Arbeitskraft dar, obwohl sie aus zahlreichen individuellen Arbeitskräften, qualitativ unterschiedlichen Arbeitsvorgängen, -bedingungen und -belastungen besteht. Marx spricht hier von der gesellschaftlich notwendigen Arbeitszeit.

Der Wert einer Ware ermittelt sich erst dadurch, dass sie in Beziehung zu einer anderen Ware gesetzt wird und mit dieser austauschbar ist. Das setzt voraus, dass alle Waren ihren Wert in demselben Äquivalent zum Ausdruck bringen. Diese „Äquivalentform" (Marx) weist drei „Eigentümlichkeiten" (Marx) auf:

„Die *erste Eigentümlichkeit*, die bei der Betrachtung der *Äquivalentform* auffällt, ist diese: Gebrauchswert wird zur Erscheinungsform seines Gegenteils, des Wertes. Die Naturalform der Ware wird zur Wertform. [...] Es ist also eine *zweite Eigentümlichkeit der Äquivalentform*, daß konkrete Arbeit zur Erscheinungsform ihres Gegenteils, abstrakt menschlicher Arbeit wird. [...] Es ist also eine *dritte Eigentümlichkeit der Äquivalentform*, daß Privatarbeit zur Form ihres Gegenteils wird, zur Arbeit in unmittelbar gesellschaftlicher Form." (Marx, 1971a, 70ff) Bei Arbeit als Tauschwerte schaffende Verausgabung menschlicher Arbeitskraft liegt eine vom Gebrauchswert abstrahierte Durchschnittsarbeit zu Grunde. Gebrauchswerte an sich können nicht als Waren in ihrem Wert aneinander gemessen werden. In der Marxschen Terminologie ist hier von „abstrakter Arbeit" die Rede. Im Wert der Ware stellen sich nicht mehr nur das Bedürfnis nach ihr, ihrer Qualität, das somit in ihr steckende kreative und nützliche Schaffen, sondern auch und vor allem ihre quantitative Dimension, die in der Ware enthaltene Menge Arbeit dar. Marx erklärt dies anhand eines Beispiels:

„Nimm aber an, die zur Produktion eines Rockes notwendige Arbeit steige auf das Doppelte oder falle um die Hälfte. Im ersteren Falle hat ein Rock soviel Wert als vorher zwei Röcke, im letzteren Falle haben zwei

Röcke nur soviel Wert als vorher einer, obgleich in beiden Fällen ein Rock nach wie vor dieselben Dienste leistet und die in ihm enthaltene nützliche Arbeit nach wie vor von derselben Güte bleibt." (Marx, 1971a, 60)

Der Doppelcharakter ist also auch ein Charakteristikum dieser abstrakten Arbeit, sie ist einerseits Verausgabung menschlicher Arbeitskraft und damit in der Lage, den Warenwert zu erzeugen, während sie andererseits auch in dem Sinne Verausgabung menschlicher Arbeitskraft ist, dass sie als nützliche Arbeit auch Gebrauchswerte produziert; einerseits Wertform, andererseits Naturalform. Das Geld ist dann der stoffliche Träger des Tauschwertes und somit lediglich vergegenständlichte Form des Umstandes, dass die Austauschbarkeit von unterschiedlichsten Waren aufgrund einer Äquivalentform zur gesellschaftlichen Gewohnheit geronnen ist und außerdem die Möglichkeit der Anhäufung von unverderblichen Werten bietet (vgl. Marx, 1971a, 84f). Indem der allgemeinen Wertform eine Durchschnittsarbeit zu Grunde liegt, bei der Arbeitseinheiten im Wert des Produkts miteinander in Beziehung gesetzt und ausgetauscht werden, verrät diese Gesellschaftsform, „daß innerhalb dieser Welt der allgemein menschliche Charakter der Arbeit ihren spezifischen gesellschaftlichen Charakter bildet." (Marx, 1971a, 81)

Der Tauschwert ist, da er durch die Produktionsform einer Gesellschaft bedingt ist, also eine gesellschaftliche Eigenschaft der Ware, er definiert nicht nur Werte und Waren, sondern auch die Beziehungen derjenigen, die an dem Austauschprozess beteiligt sind.

Erweiterte Akkumulation und Krisenzyklen

Marx unterscheidet zwischen der „sogenannten ursprünglichen" und der „erweiterten Akkumulation". Während der Begriff der sogenannten ursprünglichen Akkumulation den Prozess während des Umbruchs vom Feudalismus zur Industrialisierung beschreibt, in dem eine Gruppe von Menschen (so auch durch Raub und Betrug) in den Besitz von Produktionsmitteln, Ländereien und Reichtum gelangte bzw. diese ohnehin noch aus Zeiten des Feudalismus besaß, gleichzeitig andere Gruppen von den Produktionsmitteln getrennt wurden, bezieht sich der Begriff „erweiterte Akkumulation" auf die Anhäufung von Kapital im Prozess der Warenzirkulation durch den Kapitalisten. Dies wird erreicht, indem die „Race eigenthühmlicher Warenbesitzer" (Marx) ausgebeutet wird, die aufgrund der Trennung von den Produktionsmitteln dazu gezwungen sind, ihre ihnen verbliebene Ware Arbeitskraft zu verkaufen.

Im vierten Kapitel in „Das Kapital" analysiert Marx, wie Geld in Kapital umgewandelt wird und vergleicht die Zirkulation von Ware und Geld in einer „einfachen Warenzirkulation" mit der des kapitalistischen Produktions- und Verwertungsprozesses:

„Die einfache Warenzirkulation beginnt mit dem Verkauf und endet mit dem Kauf, die Zirkulation des Geldes als Kapital beginnt mit dem Kauf und endet mit dem Verkauf. Dort bildet die Ware, hier das Geld den Ausgangspunkt und Schlußpunkt der Bewegung. In der ersten Form vermittelt das Geld, in der andren umgekehrt die Ware den Gesamtverlauf." (Marx, 1971a, 163)

Und hier lässt sich der Bogen zurückspannen zu Marx' Analyse von Tauschwert und Gebrauchswert. In der einfachen Warenzirkulation wird eine vom Produzenten hergestellte Ware gegen Geld getauscht, das dann wiederum gegen die benötigten Produkte ausgetauscht wird (W-G-W) (vgl. Marx, 1971a, 118ff).

Im Gegensatz dazu steht im kapitalistischen Zirkulationsprozess Geld am Anfang, mit dem eine Ware gekauft und die dann wieder verkauft wird (G-W-G). Der Sinn dieses Tauschprozesses liegt darin, einen Tauschwert zu erzielen, der den anfänglich investierten Betrag übersteigt (G-W-G') und das bedeutet, dass der Geldbesitzer der zu tauschenden Ware vor dem Verkauf Wert zusetzen muss, der einen Gewinn ermöglicht. Und hier setzt Marx' Analyse der „Mehrwertproduktion" ein: Der Kapitalist wendet Arbeitskräfte an, die diesen zusätzlichen Wert für ihn schaffen. Arbeitskräfte bearbeiten mit Hilfe der dem Kapitalisten gehörenden Produktionsmittel die gegen Geld eingetauschte Ware so, dass sie an Wert gewinnt. Nun müssen die Arbeitskräfte zwar einen Lohn für ihre Arbeit erhalten, jedoch liegt der unterhalb des von ihnen der Ware zugesetzten Wertes. Die Arbeitskräfte erhalten eben so viel Lohn, wie zu ihrer Reproduktion und der ihrer Familien nötig ist. Mit Hilfe der Produktionstechniken und der Arbeitsteilung kann der Arbeiter in der Zeitspanne, für die er dem Kapitalisten seine Arbeitskraft verkauft, mehr Wert erarbeiten, als sein Lohn beträgt. Zunächst erreichte der Unternehmer diesen Überschuss, indem er bei gleichbleibendem Lohn die Arbeitszeit pro Tag erhöhte („absoluter Mehrwert"). Da jedoch der Arbeiter eine entsprechende Reproduktionsphase benötigt, wenn er qualitativ hochwertige, effektive und produktive Arbeit leisten soll, wurde der Überschuss über den „relativen Mehrwert" realisiert. Es wurde nicht mehr die Arbeitszeit verlängert, sondern die Effektivität der Arbeit erhöht und damit die Zeitspanne verkürzt, die der Arbeiter benötigt, um den Wert seines Lohnes zu erarbeiten. Dieser so entstandene Überschuss fließt wieder ins Unternehmen, denn es muss in neue Produktionstechniken investiert werden, die wiederum die Zeitspanne verkürzen, die der Arbeiter für seine Reproduktion benötigt, ohne dass aber die Länge des Arbeitstages sich verändert („Extraprofit"). Diese Bewegung der Wertvergrößerung verwandelt das ursprünglich vorgeschossene Geld in „Kapital". Dabei meint der von Marx verwendete Begriff Kapital das Geld, das zur Schaffung von Mehrwert bzw. zum Kauf von Arbeitskraft und der Realisierung von Profiten eingesetzt wird. Die erweiterte Akkumulation ist dann erreicht, wenn das investierte Kapital über die Ware wieder in Geld zurückverwandelt wurde. Dank des vom Arbeiter erarbeiteten Mehrwerts sind die Einnahmen höher als die vorhergehenden Investitionen, so dass daraufhin mehr Kapital investiert werden kann, durch die Abpressung von Mehrwert wiederum die eingenommene Menge Geld den Investitionsbetrag übersteigt usf. (vgl. Marx, 1971a, 161ff).

Die Bezeichnung „Profitrate" (Marx), die für den Kapitalisten von entscheidender Bedeutung ist, bezieht sich auf das Verhältnis zwischen Gewinn und Kapital.

Wie Marx beschreibt, ist der Zweck einer einfachen Warenzirkulation die Befriedigung von lebensnotwendigen Bedürfnissen, der Zweck und das treibende Moment der Zirkulation des Geldes als Kapital dagegen ist der nicht nur einmalig, sondern immer wieder zu erzielende Tauschwert, die sich in dieser Weise fortsetzende Zirkulation. „Die Zirkulation des Geldes als Kapital ist dagegen Selbstzweck, denn die Verwertung des Werts existiert nur innerhalb dieser stets erneuerten Bewegung. Die Bewegung des Kapitals ist daher maßlos." (Marx, 1971a, 167)

Die hier beschriebene kapitalistische Form der Waren- und Geldzirkulation unterscheidet sich nicht nur formell vom unmittelbaren Warentausch, sondern ganz wesentlich darin, dass dieser Warentausch die individuellen und lokalen Grenzen, die dem unmittelbaren Warentausch gesetzt sind, durchbricht und den Austausch menschlicher Arbeit organisiert. Dadurch entwickelt sich eine komplizierte und lange Kette von Abhängigkeiten mehrerer handelnder Personen verschiedener und unkontrollierbarer Zusammenhänge untereinander, deren Erfolg in der Produktion von unterschiedlichsten Bedingungen abhängt.

Der Soziologe Simmel wird daraus seinen Begriff der „Neuen Fremdheit" entwickeln, die aber auch nach ihm ambivalente Folgen für die subjektive Seite hat.

Die erweiterte Akkumulation ist vom unendlichen Fortgang der Zirkulation abhängig. Während der unmittelbare Tausch beendet ist, sobald die Gebrauchswerte die Besitzer gewechselt haben, ist es für den kapitalistischen Zirkulationsprozess, der auf der Expansion des Kapitals basiert, nötig, dass diese Zirkulation fortläuft. Da aber die Anzahl von Käufen und Verkäufen nicht zwingend identisch ist und zwischen Verkauf und erneutem Kauf Zeit verstreichen kann, kann es immer wieder zu Absatzproblemen kommen, d.h. auch, dass die Ware als Träger von Tauschwert nutzlos werden kann und entsprechend werden wird, da sie im kapitalistischen Warenzyklus für den Kapitalisten nur dann einen Nutzen hat, wenn sie die Metamorphose zur Geldform vollzogen hat. Jeder Verkauf ist davon abhängig, dass sich ein anderer zum Kauf entschließt. Gleichzeitig entsteht durch einen Verkauf kein Zwang zum Kauf. Diese Form der Warenzirkulation birgt also immer auch die Gefahr der Überproduktion und damit der Krise. Marx schreibt dazu: „Die Zirkulation sprengt die zeitlichen, örtlichen und individuellen Schranken des Produktentausch eben dadurch, daß sie die hier vorhandene unmittelbare Identität zwischen dem Austausch des eigenen und dem Eintausch des fremden Arbeitsprodukts in den Gegensatz von Verkauf und Kauf spaltet. Daß die selbständig einander gegenübertretenden Prozesse eine innere Einheit bilden, heißt ebensosehr, daß ihre innere Einheit sich in äußeren Gegensätzen bewegt." (Marx, 1971a, 127) Hier ist aber vorausgesetzt, dass die kapitalistische Produktionsweise schon einen gewissen Höhegrad erreicht hat.

Dieser der Ware immanente Gegensatz von Tausch- und Gebrauchswert stellt sich in der Krise als seine in Bewegung geratene Form dar: „dieser immanente Widerspruch erhält in den Gegensätzen der Warenmetamorphose seine entwickelte Bewegungsform. Diese Formen schließen daher die Möglichkeit, aber auch nur die Möglichkeit der Krisen ein." (Marx, 1971a, 128)

Treten nun für einen Verkäufer Absatzprobleme auf, so bedeutet dies, dass aufgrund des kettenförmigen Zirkulationsprozesses diese auch Folgen für den Verkäufer haben, von dem der erstere vormals einen Teil seiner Ware bezogen hat usf.. Beide können je nach Schwere der Probleme dazu gezwungen sein, ihre Arbeitskräfte zu entlassen. Dies wiederum hat zur Folge, dass die Arbeitslosen in Ermangelung eines regelmäßigen Einkommens nur das Nötigste konsumieren, was zu neuen Absatzschwierigkeiten führen kann. Die Spirale nimmt so ihren Lauf, wobei der Ausgangspunkt die fehlenden Absatzchancen bzw. die Überproduktion eines Unternehmens sind, die die beschriebenen Folgen für andere Unternehmen und die gesamte Konjunktur auslösen.

Weiterhin bewirkt diese zeitliche und räumliche Trennung eine Abnahme der Transparenz des Marktes, die Unternehmer produzieren weitgehend für einen unbekannten Markt und expandieren gleichzeitig fortlaufend ihre Produktion. Die Folge kann auch hier eine Überproduktion sein, zumindest aber ein Ungleichgewicht. In einfachen Warenproduktionen kann es sicherlich auch durch Naturkatastrophen oder Kriege zu solchen Krisen kommen, jedoch ist diese Form der Krise hier nicht, wie in der kapitalistischen Produktionsweise, schon in ihrer Logik angelegt.

Im Zuge seiner Analyse der Gesetzmäßigkeiten der Entwicklung der kapitalistischen Produktionsweise nennt Marx auch die Revolutionierung der Produktionsinstrumente, die sich auf die Zusammensetzung des Kapitals auswirkt und die Möglichkeit der Krise birgt. In dem Zugzwang stehend, möglichst kostengünstig und schnell zu produzieren, um konkurrenzfähig zu bleiben, ist der Kapitalist gezwungen, die Ausbeutung der Ware Arbeitskraft auf ihr Maximum zu treiben, d.h. den relativen Mehrwert zu erhöhen. Dies gelingt, indem die Zeitspanne, die der Arbeiter während der Arbeitszeit benötigt, um den Gegenwert seines Lohnes zu erarbeiten, möglichst verkürzt wird. Zu diesem Zweck werden Maschinen angeschafft, die den Arbeitsvorgang zeitlich verkürzen und vereinfachen, so dass z.B. auch billige Arbeitskräfte rekrutiert werden können (vgl. Marx, 1971a, 531ff).

Der Kapitalist ist zu dieser Entwicklung gezwungen, ihm werden die Gesetze des Marktes ebenso auferlegt, wie demjenigen, der seine Arbeitskraft verkaufen muss: „Nur als Personifikation des Kapitals ist der Kapitalist respektabel. Als solche teilt er mit dem Schatzbildner den absoluten Bereicherungstrieb. Was aber bei diesem als individuelle Manie erscheint, ist beim Kapitalisten Wirkung des gesellschaftlichen Mechanismus, worin er nur ein Triebrad ist. Außerdem macht die Entwicklung der kapitalistischen Produktion eine fortwährende Steigerung des in einem industriellen Unternehmen angelegten Kapitals zur Notwendigkeit, und die Konkurrenz herrscht jedem individuellen Kapitalisten die immanenten Gesetze der kapitalistischen Produktionsweise als äußere Zwangsgesetze auf. Sie zwingt ihn, sein Kapital fortwährend auszudehnen, um es zu erhalten, und ausdehnen kann er es nur vermittelst progressiver Akkumulation." (Marx, 1971a, 618)

Weiterhin kann der Kapitalist seinen Profit steigern, indem er sein Kapital nicht nur durch erweiterte Akkumulation vergrößert, sondern sich andere Firmen einverleibt und somit die Verteilung schon bestehender Kapitale verändert. Hier spricht man von Zentralisation. Der Kapitalist jedoch, der nicht in der Lage ist, sein Kapital zu erweitern, wird dem Konkurrenzdruck nicht standhalten können, weil er im Durchschnitt vergleichsweise zu teuer produziert und dann die Aufrechterhaltung seines Betriebes nicht mehr gewährleistet ist (vgl. Marx, 1971a, 650ff). Die so beschriebenen Entwicklungstendenzen haben zur Folge, dass sich die Zusammensetzung des Kapitals verändert. Marx spricht hier von der „steigenden organischen Zusammensetzung des Kapitals". Er unterscheidet zwischen dem konstanten Kapital, also den Produktionsmitteln, Maschinen, Werkhallen, Rohstoffen, und dem variablen Kapital, gemeint ist das Kapital, das in Arbeitskräfte investiert wird. Der Begriff der „organischen Zusammensetzung" beschreibt das Verhältnis von konstantem und variablem Kapital (vgl. Marx, 1971a, 640ff).

„Die Bourgeoisie kann nicht existieren, ohne die Produktionsinstrumente, also die Produktionsverhältnisse fortwährend zu revolutionieren. [...] Die fortwährende Umwälzung der Produktion, die ununterbrochene Erschütterung aller gesellschaftlichen Zustände, die ewige Unsicherheit und Bewegung zeichnet die Bourgeoisepoche vor allen anderen aus." (Marx, 1971b, 465) Durch diesen Zwang zur Anschaffung neuer, arbeitssparender Produktionsinstrumente nimmt der Anteil des konstanten Kapitals beständig zu, und der Anteil des variablen Kapitals ebenso beständig ab. Die Nachfrage nach Arbeitskräften geht zurück, so dass auch die Löhne fallen. Außerdem lohnt sich die Anschaffung neuer Technologien für den Kapitalisten nur, wenn die Investition steigende Profite bewirkt. Wenn gleichzeitig mit der Investition bzw. überhaupt aufgrund einer erhöhten Nachfrage nach variablem Kapital die Löhne in dem Maße steigen, dass der Profit trotz der Anschaffung stagniert, verliert diese ihren Sinn. So kommt es zu einer Freisetzung von Arbeitskräften, die von dem zunehmenden konstanten Kapital ersetzt werden. Marx spricht hier von der Schaffung einer „industriellen Reservearmee", die es dem Kapitalisten ermöglicht, das Lohnniveau zu seinen Gunsten zu regulieren, also niedrig zu halten. Das heißt weiter, dass der Anteil des gesellschaftlichen Reichtums, den die Arbeiter erhalten, sinkt und der Konsum eingeschränkt werden muss, woraus wieder resultiert, dass Absatzmärkte verloren gehen. Marx nennt diesen Prozess „die relative Verelendung des

Proletariats", der zur Folge hat, dass eine erhöhte Produktivität einer eingeschränkten Kaufkraft der Masse gegenübersteht.

An diese Argumentation lässt sich ein weiterer Gedanke anschließen: ausschließlich die „lebendige Arbeit" (Marx) ist in der Lage, Mehrwert zu produzieren, eine Maschine kann lediglich ihre Wertbestandteile an das Produkt abgeben, da sie bei erhöhtem Einsatz auch entsprechend Verschleißerscheinungen zeigt und Reparaturen oder Neuanschaffungen nötig werden. Möglicherweise ist sie sogar kurz nach der Anschaffung schon technisch überholt, bevor sie im Konkurrenzkampf mit neueren Techniken und im Verhältnis zu anderen Produzenten die erhoffte Zeit- und Kostenersparnis leisten kann.

„Das Leben der Industrie verwandelt sich in eine Reihenfolge von Perioden mittlerer Lebendigkeit, Prosperität, Überproduktion, Krise und Stagnation." (Marx, 1971a, 476)

Die Profitrate lässt sich nach Marx durch das Verhältnis von Mehrwert zu investiertem Kapital (aufgespalten in konstantes und variables Kapital) darstellen. Wenn nun aufgrund eines Fallens oder der Stagnation der Profitrate die Reinvestition von Kapital für den Kapitalisten schwierig wird, ist ein Basisprinzip dieses Kreislaufes verletzt. Der Kapitalist kann nun in andere Produktionszweige wechseln in der Hoffnung, dort eine höhere Profitrate zu erzielen, was aber, wie schon beschrieben, den Kreislauf, die Kette von Abhängigkeiten, durchbricht und sich auf andere Produzenten und Arbeitskräfte auswirkt.

Krise und tendenzieller Fall der Profitrate

Dadurch, dass das konstante Kapital im Verhältnis zum variablen Kapital wächst, sinkt, wie oben beschrieben, die Profitrate, solange die Mehrwertrate konstant bleibt.

Marx' Bedingung dieser Formel, dass die Mehrwertrate konstant bleibt, ist fraglich. Zwar ist es richtig, dass der Ausbeutungsrate durch die Überlebensnotwendigkeit der Arbeiter Grenzen gesetzt sind, sie also nie gleich Null werden kann. „Obwohl dies zutrifft, scheint er dabei aber die durch die Revolutionierung der Produktivkräfte erreichbare Verbilligung der in den Unterhalt der Arbeiter eingehenden Konsumgüter zu unterschätzen." (Hauck, 1984, 65)

Allerdings werden durch den Einsatz neuer Techniken im Arbeitsprozess die Kosten der Produktion sinken, die Waren können billiger auf dem Markt angeboten werden und die Reproduktionskosten der Arbeiter sinken, und infolgedessen könnten die Löhne gesenkt werden, ohne dass ihr Überleben zwingend gefährdet wäre. Trotzdem bleibt die Schlussfolgerung, dass die Profitrate langfristig sinkt, wenn die Mehrwertrate mit Bezug auf diese Relation langfristig nicht gesteigert werden kann, was aufgrund der Zunahme des konstanten Kapitals gegenüber dem variablen unwahrscheinlich ist (vgl. Marx, 1970, 221ff).

Dieser Prozess verläuft (abhängig von z.b. technischen Revolutionen) diskontinuierlich, d.h. schubweise und endet in Krisen. Dem Kapitalbesitzer sind zwar einige Möglichkeiten gegeben, die Auswirkungen des Falls der Profitrate abzumildern bzw. Faktoren, die diesem Prozess entgegenwirken, jedoch letztlich keine, den tendenziellen Fall der Profitrate vollständig außer Kraft zu setzen. Die Faktoren der Abmilderung sind folgende: die Erhöhung des Ausbeutungsgrades der Arbeit, das Senken des Arbeitslohnes unter seinen eigentlichen Wert, die „Verwohlfeilerung der Elemente des konstanten Kapitals", die relative Überbevölkerung und der auswärtige Handel (vgl. Marx, 1970, 242ff).

Das bedeutet: „Der letzte Grund aller wirklichen Krisen bleibt immer die Armut und Konsumtionsbeschränkung der Massen gegenüber dem Trieb der kapitalistischen Produktion, die Produktivkräfte so zu entwickeln, als ob nur die absolute Konsumtionsfähigkeit der Gesellschaft ihre Grenzen bilde." (Marx, 1970, 501)

Fetischcharakter von Ware und Geld

Nach einer ausführlichen Analyse der Begrifflichkeiten Ware und Wert in einer kapitalistischen Produktion und Gesellschaft kommt Marx zum „Fetischcharakter der Ware". Marx weist mit dem Begriff des Fetisch darauf hin, dass der Kapitalismus den Charakter einer Ideologie bzw. sogar einer Religion annehmen kann, wobei der ideologische Charakter aber verschleiert wird. Die Bedingungen und Funktionen der Wirtschaftsform Kapitalismus werden als Gegebenheiten internalisiert und verselbständigen sich anscheinend. „Um daher eine Analogie zu finden, müssen wir in die Nebelregion der religiösen Welt flüchten. Hier scheinen die Produkte des menschlichen Kopfes mit eigenem Leben begabte, untereinander und mit den Menschen in Verhältnis stehende selbständige Gestalten. So in der Warenwelt die Produkte der menschlichen Hand. Dies nenne ich den Fetischismus, der den Arbeitsprodukten anklebt, sobald sie als Waren produziert werden, und der daher von der Warenproduktion unzertrennlich ist." (Marx, 1971a, 86)

Er beschreibt damit auch den Umstand, dass die gesellschaftlichen Beziehungen zwischen den Menschen in der kapitalistischen Warenproduktion die Form einer Beziehung von Sachen annehmen. „Die Ware scheint auf den ersten Blick ein selbstverständliches, triviales Ding." (Marx, 1971a, 85) Soweit zu Ihrer Form als Gebrauchswert. In ihrer Form als Tauschwert verhält es sich allerdings anders: „Aber sobald er (der Tisch, A.W.) als Ware auftritt, verwandelt er sich in ein sinnlich übersinnliches Ding." (ebd.)

Marx führt den Fetischcharakter der Ware also nicht auf seinen Gebrauchswert und auch nicht auf den Inhalt der Wertbestimmungen zurück, da er Arbeit als Funktion des menschlichen Organismus für eine „physiologische Wahrheit" (ebd.) hält. Dieser fetischhafte Charakter der Ware liegt, wie schon vorher beschrieben, im Charakter der Warenform begründet. Die den Produkten menschlicher Arbeitskraft gemeinsame Wertform ist auch der Arbeit übergestülpt, die ja immer auch gesellschaftliche Arbeit ist, sofern mehrere Personen in den Arbeits- und Marktprozess eingebunden sind.

Der Privatbesitz an Produktionsmitteln bewirkt, dass jeder Warenproduzent isoliert von den anderen produziert. Erst im Austausch auf dem Markt zeigt sich, ob die isoliert geleistete Arbeit für die gesellschaftlich zu leistende Arbeit von Bedeutung ist, obwohl gleichzeitig das Arbeitsprodukt den Arbeitern etwas Fremdes geworden ist und der gesellschaftliche Charakter der Arbeit verschleiert ist.

Für die beteiligten Warenbesitzer scheinen die Waren aufgrund geheimnisvoller Eigenschaften miteinander austauschbar, was den Waren ein scheinbares Eigenleben verleiht. Wenn nun noch das Geld, das die Fähigkeit hat, sämtliche Waren kaufen zu können, in die Überlegungen eingeführt wird, wird auch der Fetischcharakter des Geldes deutlich. Geld ist nicht mehr unbedingt als allgemeines Äquivalent erkennbar und verdeckt, dass das Kaufen und Verkaufen nichts anderes ist und bleibt als das besondere gesellschaftliche Verhältnis der vereinzelten Warenproduzenten zueinander. Die Produktion der Ware hat eine spezifische Form angenommen; es wird nicht mehr gemeinschaftlich und bedarfsgerecht produziert, sondern ein Konkurrenzverhältnis geschaffen, wobei die Vermehrung von Geld das Ziel der Bemühungen ist. Scheinbar voneinander unabhängig, vom Geld allerdings abhängig, tritt den Menschen ihr eigenes Produkt als fremde Macht auf dem Markt entgegen. Der Prozess des Warenaustausches mit seinem eigentlichen Zweck der Bedürfnisbefriedigung, der gesellschaftliche wie persönliche Beziehungen bedingt, erscheint den Produzenten nicht nur als ein Prozess zwischen bloßen Dingen - nämlich den Waren - er ist es auch (vgl. Marx, 1971a, 85ff):

„Das Geheimnisvolle der Warenform besteht also einfach darin, daß sie den Menschen die gesellschaftlichen Charaktere ihrer eignen Arbeit als gegenständliche Charaktere der Arbeitsprodukte selbst, als gesellschaftliche Natureigenschaften dieser Dinge zurückspiegelt, daher auch das gesellschaftliche Verhältnis der Produzenten zur Gesamtarbeit als ein außer ihnen existierendes Verhältnis von Gegenständen. Durch dies Quidproquo werden die Arbeitsprodukte Waren, sinnlich übersinnliche oder gesellschaftliche Dinge. [...] Es ist nur das bestimmte gesellschaftliche Verhältnis der Menschen selbst, welches hier die phantasmagorische Form eines Verhältnisses von Dingen annimmt. [...] Dies nenne ich den Fetischismus, der den Arbeitsprodukten anklebt, sobald sie als Waren produziert werden, und der daher von der Warenproduktion unzertrennlich ist." (Marx, 1971a, 86f)

Und hier wird die konkrete Bedeutung der Marxschen Analyse für die Fragestellung nach dem Spannungsfeld zwischen individueller politischer Handlungsfähigkeit auf der einen und der Übermächtigkeit von gesellschaftlichen Strukturen auf der anderen Seite deutlich, in denen das Individuum lebt und arbeitet: der doppelte gesellschaftliche Charakter von Arbeit, Ware und Wert verschleiert, dass es sich letztlich um eine menschengemachte und -gewählte Form des Zusammenlebens und der Verteilung der zum Leben benötigten Güter handelt. Die zu Grunde liegende Struktur und Funktionsweise ist im Alltag nicht mehr unbedingt erkennbar.

Hier geht es um eine Frage, die schon lange die Philosophie beschäftigt, bei Platon im „Höhlengleichnis" unter die Begriffe „Idee und Erscheinung" gefasst, in der Scholastik als „Universalienstreit" zwischen „Realisten" und „Nominalisten", um dann wiederholt aufgegriffen zu werden, so z.B. von Kant, der die Begrifflichkeiten „Ding an-sich" und „Ding für-sich" prägt und diskutiert.

Der Beitrag, den Marx zu dieser Diskussion liefert, ist sehr aufschlussreich: er leitet aus seiner Analyse der Kernstrukturen und der materiellen Bedingungen Sozialcharaktere, alltägliche Interaktionsmuster und Bewusstseinsformen her.

Entfremdung und Verdinglichung

Der Begriff der Entfremdung wird schon lange vor Marx in der Philosophie diskutiert. Marx greift den Begriff auf, mit dem u.a. Hegel sich in der „Phänomenologie des Geistes" beschäftigte. Marx hat den Begriff von Hegel übernommen. Bei Hegel sah Marx den Begriff als „Trennung des denkenden Subjekts von seiner eigenen nur von ihm in allgemeinen Begriffen ausdrückbaren Erfahrung" gefasst (O'Neill, 1979, 141).

Es sind nicht mehr die schicksalhaften Kräfte des Weltgeistes wie bei Hegel, sondern konkrete historische bzw. gesellschaftliche Entwicklungen, die die Entfremdung bedingen. Und wieder kann man einen der zentralen Aspekte der Marxschen Analyse heranziehen: den Begriff der Ware.

In den „Pariser Manuskripten" von 1844 entwickelt er im Kapitel „Die entfremdete Arbeit" den Entfremdungsbegriff. Als Vorbedingung der Entfremdung sieht Marx die „Entäußerung"; der natürliche Ausdruck für den
Menschen, zu der (auch) der Mensch gezwungen ist, will er sich biologisch reproduzieren. Hierunter werden u.a. soziale, intellektuelle, kulturelle und materielle Aktivitäten des Menschen gefasst. Im nächsten
Schritt kann aus der Entäußerung dann Entfremdung resultieren, jedoch
nicht zwangsläufig, sondern in Abhängigkeit von der Form der Reproduk-
tionsweise. [1]

Wie ausgeführt, wirkt sich die dominierende Warenförmigkeit auch auf
den Stellenwert und die Rolle der Arbeit, des Arbeitsproduktes und der
Arbeitskräfte aus:

„Der Gegenstand, den die Arbeit produziert, ihr Produkt, tritt ihr als fremdes Wesen, als eine von dem Produzenten *unabhängige Macht* gegenüber. Das Produkt der Arbeit ist die Arbeit, die sich in einem Gegenstand
fixiert, sachlich gemacht hat, es ist die *Vergegenständlichung* der Arbeit.
Die Verwirklichung der Arbeit ist ihre Vergegenständlichung. Diese Verwirklichung der Arbeit erscheint in dem nationalökonomischen Zustand
als *Entwirklichung* des Arbeiters, die Vergegenständlichung als *Verlust
und Knechtschaft des Gegenstandes*, die Aneignung als *Entfremdung,*
als *Entäußerung.*" (Marx, 1968, 52)

Die Arbeit als Entäußerung produziert einen Gegenstand, der dem Arbeiter nicht nur fremd ist, sondern ihm auch als fremde, selbständige und
von seinem Produzenten unabhängige Macht gegenübertritt. Der Produzent ist in mehrfacher Hinsicht von dem Produkt seiner Arbeit abhängig:
im ersten Schritt benötigt der Produzent die Arbeit, um sich im zweiten
vom Lohn seiner Tätigkeit Subsistenzmittel beschaffen zu können, d.h.
dass das Arbeitsprodukt die Macht darüber erhält, ob der Produzent sich
als Arbeiter und als physisches Subjekt reproduzieren kann. Marx macht
vier Entfremdungsschritte aus: der erste ist der schon beschriebene,
nämlich die Entfremdung von den Produkten seiner Arbeit, die sich auf

---

[1] Marx führt den Begriff der Entäußerung weiter aus, jedoch würde eine ausgiebige Einlassung hier den
Rahmen sprengen.

das Verhältnis zu seiner sinnlichen Außenwelt ausweitet. Daraus resultiert, dass der Arbeiter auch von der Tätigkeit, deren Ziel ja das Produkt ist, entfremdet sein muss. Die Produktion muss also die „tätige Entäußerung, die Entäußerung der Tätigkeit, die Tätigkeit der Entäußerung sein." (Marx, 1968, 54) Die Entfremdung von der Arbeit selbst ist also die Folge der Entfremdung vom Produkt der Arbeit. Die Tätigkeit bleibt eine äußerlich angenommene, unabhängig von Neigungen, Talenten und Interessen und gehört somit nicht zum Wesen des individuellen Arbeiters. Sie verbleibt als ein Mittel zur Bedürfnisbefriedigung, ist selbst aber nicht Bedürfnisbefriedigung. Bestätigt sieht Marx dies auch dadurch, dass „die Arbeit als eine Pest geflohen wird." (Marx, 1968, 55) Er schlussfolgert daraus: „Der Arbeiter fühlt sich daher erst außer der Arbeit bei sich und in der Arbeit außer sich." (ebd.)

Im dritten Entfremdungsschritt nennt Marx die Selbstentfremdung; denn in dem Maße, wie der Arbeitende seine Lebensenergie, seine Kraft und seinen Geist an das ihm fremde Produkt in eben entfremdeter Arbeit abgibt, entfremdet er sich von sich selbst.

Ebenso wie er sich von sich selbst als Individuum entfremdet, entfremdet er sich dann auch von sich als Gattungswesen, dessen Eigenschaft es ist, sich Natur zum Zwecke der Bedürfnisbefriedigung anzueignen, so dass die Natur als Teil des menschlichen Lebens und seiner Existenz gelten kann. Ist die Form der Aneignung eine entfremdete, so hat sich der Mensch auch von seiner Gattung entfremdet. Die Gattung verkümmert zum Mittel des individuellen Lebens. Marx sieht im Gegenstand der Arbeit das Gattungsleben des Menschen vergegenständlicht. Als weitere unmittelbare Konsequenz und damit vierten Entfremdungsschritt nennt Marx die Entfremdung des Menschen von dem Menschen. Das Verhältnis, welches der Mensch zu sich selbst und zu sich als Gattungswesen hat, sieht er im Verhältnis zu anderen Menschen verwirklicht (vgl. Marx, 1968, 50ff).

Die Verdinglichung, die für die Fragestellung von besonderem Interesse ist, ist der Begriff für eine bestimmte Form von Entfremdung, die das Bewusstsein und Denken betrifft. Unter diesem Begriff ist die Verselbständigung der gesellschaftlichen Verhältnisse gefasst: „Verselbständigung meint hier realen Schein, dessen Universalität aus der Universalisierung eines gesellschaftlichen Verhältnisses entspringt, das auf Warentausch und -produktion beruht. Marx spricht vom ‚Fetischcharakter der Warenwelt', der den Arbeitsprodukten in Gestalt der Warenform anklebt, wobei er hier auf eine dreifache Gestalt dieses Charakters – Wertgegenständlichkeit, Wertgröße und gesellschaftliches Verhältnis der Arbeitsprodukte – verweist." (Kerber, 1991, 636) Die so entstandenen Verhältnisse zwischen den Menschen erscheinen ihnen als natürliche Verhältnisse. Das verdinglichte Bewusstsein oder verdinglichtes Denken begreift den Zusammenhang von Mensch und den von ihm geschaffenen Verhältnissen nicht mehr als solchen, sondern hält sie für außerhalb der menschlichen Gewalt stehende und ohne ihn entstandene. Marx analysiert diese Verselbständigung und leitet sie von seinem für die Analyse zentralen Begriff der Ware und ihrem Fetischcharakter in kapitalistischen Verhältnissen ab. Dem Menschen erscheint der gegenständliche Charakter ihrer Arbeit als naturwüchsige Eigenschaft der Dinge und Verhältnisse: „Derartige Formen bilden eben die Kategorien der bürgerlichen Ökonomie. Es sind gesellschaftlich gültige, also objektive Gedankenformen für die Produktionsverhältnisse dieser historisch bestimmten gesellschaftlichen Produktionsweise, der Warenproduktion." (Marx, 1971a, 90)

Die gesellschaftlichen Zusammenhänge und Verursachungen sind nicht mehr ohne weiteres als solche durchschaubar. Berger und Luckmann sprechen davon, „daß der Mensch fähig ist, seine eigene Urheberschaft der humanen Welt zu vergessen, und weiter, daß die Dialektik zwischen dem menschlichen Produzenten und seinen Produkten für das Bewußtsein verloren ist. Eine verdinglichte Welt ist per definitionem eine enthumanisierte Welt." (Berger/Luckmann, 1966, 95) Offen bleibt zunächst, inwiefern die Objektivierung der gesellschaftlichen Verhältnisse und ihre scheinbare „außermenschliche Faktizität" (ebd., 94) auf individueller Basis überwindbar oder vermeidbar ist. Welche Bedingungen sind es, die ein kritisches Bewusstsein fördern oder behindern? Sicherlich ist die Entwicklung des verdinglichten Denkens kernstrukturell angelegt, jedoch damit nicht zwingend die Möglichkeit genommen, Strukturen als solche zu erkennen. Im Gegenteil: „Die Entwicklung der Widersprüche einer geschichtlichen Produktionsform ist jedoch der einzig geschichtliche Weg ihrer Auflösung und Neugestaltung." (Marx, 1971a, 512) Es sind also gerade die Widersprüche, an denen sich das Individuum stößt und die so den Gedanken der Überwindbarkeit gesellschaftlicher Verhältnisse ermöglichen können, ihn aber nicht sui generis provozieren.

Marx und Engels wenden sich gegen einen ideologischen Geschichtsbegriff, der wie z.B. bei Hegel von Teleologie gekennzeichnet ist und dem Menschen Geschichtsmächtigkeit weitestgehend abspricht: *„Die Geschichte* tut *nichts,* sie 'besitzt *keinen* ungeheuren Reichtum', sie 'kämpft *keine* Kämpfe'! Es ist viel mehr *der Mensch,* der wirkliche, lebendige Mensch, der alles tut, besitzt und kämpft; es ist nicht etwa die 'Geschichte', die den Menschen zum Mittel braucht, um *ihre* - als ob sie eine aparte Person wäre - Zwecke durchzuarbeiten, sondern sie ist *nichts* als die Tätigkeit, des seine Zwecke verfolgenden Menschen" (Marx, 1970a, 98).

Trotzdem geht Marx nicht von der Allmacht des Subjekts aus; er analysiert schließlich die Gesetzmäßigkeiten, über die sich der gesellschaftliche Zusammenhang auch über die Köpfe der Subjekte hinweg herstellt. Damit enthüllt er die Verdinglichung als realen Schein und weist auf die Möglichkeit hin, durch Analyse die kapitalistische Gesellschaft zu durchschauen, um dann zu einer bewussten Gestaltung des gesellschaftlichen Zusammenlebens zu gelangen.

In „Der achtzehnte Brumaire des Louis Bonaparte" äußert sich Marx folgendermaßen zu seiner Auffassung vom dialektischen Verhältnis zwischen Mensch und Gesellschaft: „Die Menschen machen ihre eigene Geschichte, aber sie machen sie nicht aus freien Stücken, nicht unter selbstgewählten, sondern unter unmittelbar vorgefundenen, gegeben und überlieferten Umständen. Die Tradition aller toten Geschlechter lastet wie ein Alp auf dem Gehirne der Lebenden." (Marx, 1972, 115)

Damit ist auf die eingangs erwähnten kernstrukturellen Bestimmungen zurück verwiesen, wie sie in den „Gesamtreproduktionsprozeß des Kapitals" eingebettet sind: „Der Gesamtreproduktionsprozeß des Kapitals schließt ein sowohl den eigentlichen Zirkulationsprozeß, wie den eigentlichen Produktionsprozeß. Sie bilden die zwei großen Abschnitte seiner Bewegung, die als Totalität dieser zwei Prozesse erscheint. Nach der einen Seite ist die Arbeitszeit, nach der anderen die Zirkulationszeit. Und das ganze der Bewegung erscheint als Einheit von Arbeitszeit und Zirkulationszeit, als Einheit von Produktion und Zirkulation. Diese Einheit selbst ist Bewegung, Prozeß. Das Kapital erscheint als diese prozessierende Einheit von Produktion und Zirkulation, eine Einheit, die sowohl als das Ganze seines Produktionsprozesses, wie als bestimmter Verlauf *eines* Umschlags des Kapitals, *Einer* in sich selbst zurückkehrenden Bewegung betrachtet werden kann." (Marx, 1974b, 513f; Kursivierung im Original gesperrt) Dieser „Vorbegriff" verdeutliche, schließt Rolshausen (1997, 132) an diese das ‚Wesen' und nicht bloß die ‚Erscheinung' thematisierende Passage an, „daß die Ablösung einzelner Momente von der Kernstruktur zu Widersprüchen führt, die nur durch eine konsistente und schrittweise Ausdifferenzierung von Momenten vermieden werden können. Die Ausdifferenzierung der ohnehin in ihren Grund zurückgehenden Gesamtbewegung, die inneren Unterscheidungen, die für das Wertgesetz, insbesondere hinsichtlich der strukturellen Oberfläche getroffen werden, betreffen in diesem Falle ‚Erscheinungsweisen' des Wertes selbst. Im Verselbständigungsprozeß des Kapitals verdichtet sich die zunächst noch fadenscheinige Objektivität der gesellschaftlichen Formbestimmung für das Bewußtsein der ökonomischen Klassen." In der Folge nimmt das bestimmte gesellschaftliche Verhältnis der Menschen die „'phantasmagorische Form' eines Verhältnisses von Dingen an", womit das „'gewöhnliche Bewußtsein' [...] an Erscheinungsformen gebunden (ist), die sich als alltägliche Denkformen reproduzieren." (ebd., 133)

Dabei beinhalte die Organisation der ausgebildeten kapitalistischen Produktionsweise „alltägliche Zumutungen und Imperative. Eine bloß formale Unterscheidung zwischen Herrschenden und Beherrschten vernachlässigt die ‚Zwischenräume' allgegenwärtiger Macht und Gewaltförmigkeit, die aus Marktprozessen entsteht." (ebd., 138)

Stellt sich die Frage, ob und wie dies in soziologischer Theoriebildung ,auf den Begriff' gebracht wird.

Mensch und Gesellschaft in soziologischen Theorieansätzen: Durkheim, Simmel, Weber, Gehlen

Émile Durkheim (1858 - 1917): Arbeitsteilung, Solidarität der Gesellschaftsmitglieder und das Problem gesellschaftlicher Differenzierung

Schon in Durkheims erstem Buch „Über die Teilung der sozialen Arbeit" werden alle für ihn auch später noch zentralen Themen angesprochen. Er beginnt dieses Werk mit dem Satz:
„Dieses Buch ist vor allem ein Versuch, Tatsachen des moralischen Lebens entsprechend der Methode der positiven Wissenschaften zu behandeln." (Durkheim, 1999, 76) Die hier benutzten Begriffe umfassen komprimiert den groben Rahmen seines Forschungsinteresses und gleichzeitig wird auch der von ihm verwendete Ansatz deutlich, nämlich der der ‚positiven Wissenschaft'.
Der Positivismus des 19. Jahrhunderts ist durch den Versuch gekennzeichnet, die naturwissenschaftlichen Methoden auf die Soziologie zu übertragen, um zu ähnlich präzisen Gesetzmäßigkeiten zu kommen, wie man sie z.B. aus der Physik kennt. Inwiefern diese Vorgehensweise auf Gesellschaft anwendbar ist, soll vorerst dahingestellt bleiben.
Man wird dem Positivismus allerdings nicht mit der Reduktion auf seine empirische Methode gerecht. Was die Positivisten gemein haben, ist das Ignorieren von (potentiell auch gegenläufigen) Interessen, Macht und Herrschaft und politischer Handlungsfähigkeit der Individuen; eben jene Charakteristika sollen hier am Beispiel Durkheims erläutert werden.

Die im Folgenden diskutierte These geht dahin, dass sich im Liebäugeln mit den empirischen Fakten der Naturwissenschaften (die es, wie inzwischen bekannt, auch dort nicht in dem unterstellten Maße gibt) und dem Versuch, diese auf die Soziologie zu übertragen, ein Bedürfnis nach Übersichtlichkeit, Kontrollierbarkeit und der Möglichkeit, gesellschaftliche Entwicklung einzuordnen und zu rechtfertigen, widerspiegelt. Insofern ist

Durkheim zu befragen, ob und inwieweit sich in seinem Werk ein je entsprechender gesellschaftlicher Zustand zumindest in groben Zügen ablesen lässt.

Wie oben schon angedeutet, liegt es in Durkheims Bemühen, moralische Grundsätze als Fakten „zu beobachten, sie zu beschreiben, sie zu klassifizieren und die Gesetze zu suchen, die sie erklären." Denn: „Die moralischen Fakten sind Phänomene wie alle anderen auch. Sie bestehen aus Verhaltensregeln, die man an bestimmten Merkmalen erkennen kann." (Durkheim, 1999, 76) In seinem Werk „Regeln der soziologischen Methode" führt er als erste Regel folgende an: „Die erste und grundlegendste Regel besteht darin, die soziologischen Tatbestände wie Dinge zu betrachten." (Durkheim, 1976, 115) Weiter vorn in selbigem Werk erklärt er seinen Ansatz damit, dass es nicht seine Intention ist, höhere und niedere Seinsformen auf ein Niveau zu bringen, sondern einen Versuch darstellt, für beide Ebenen „den gleichen Grad an Wirklichkeit in Anspruch zu nehmen." Und weiter heißt es: „Wir behaupten also keineswegs, daß die sozialen Phänomene materielle Dinge sind, sondern daß sie mit dem gleichen Rechtstitel Gegenstände sind wie die materiellen Dinge, wenn auch solche anderer Art." (Durkheim, 1976, 89)

Auch mit dieser Bemerkung wird deutlich, dass es den Positivismus nicht gibt, sich allenfalls charakteristische Züge den Lehren seiner Repräsentanten entnehmen lassen. Die Dominanz des positiven Denkens in der zweiten Hälfte des 19. Jahrhunderts (und nachwirkend) geht weitestgehend auf A. Comte zurück und ist auch bei Durkheim unverkennbar (vgl. Obermeier, 1991, 446). Fundamentale Unterschiede in der Verschränkung von Erkenntnisinteresse und Methode wurden im so genannten ‚Positivismusstreit' diskutiert. Zumal die Einwände gegen die empirische Sozialforschung hatten den Tenor, ihr Erkenntnisinteresse richte sich nicht auf die Möglichkeit besserer Gesellschaft; diese - so Adorno pointiert (Adorno, 1998, 561f) - „ist aber nicht der bestehenden abstrakt, eben als vorgeblicher Wert, zu kontrastieren, sondern entspringt aus der Kritik, also dem Bewußtsein der Gesellschaft von ihren Widersprüchen und ihrer

Notwendigkeit." Soziologie, wendet sich Adorno (1998, 197) gegen die empirische, positivistisch ausgerichtete Forschung, „muß die Starrheit des hier und heute fixierten Gegenstandes auflösen in ein Spannungsfeld des Möglichen und des Wirklichen: jedes von beiden ist, um nur sein zu können, aufs andere verwiesen. Mit anderen Worten, Theorie ist unabdingbar kritisch." Durkheim zähle nach „grober Parteigliederung [...] zu den Positivisten; als solchen hat er sich selbst verstanden", meint Adorno (1998, 246), was sich auch in Durkheims Attacke gegen Comte zeige, „jener, geschworener Antimetaphysiker, halte an einem so metaphysischen Begriff wie dem des Fortschritts fest." Solche Kritik, so Adorno, müsse sich Durkheim selbst gerade im Hinblick auf seine „Lehre vom Kollektivbewußtsein" gefallen lassen, und schließt: „Anlaß, Durkheim zu lesen, ist solche Verschränkung des provokatorisch Spekulativen mit dem Positivismus. Darin kündigt implizit dessen Selbstkritik sich an" (ebd., 247).

Doch erst einmal wird deutlich, dass Durkheim in Anlehnung an die Naturwissenschaften einen Begriff von Wahrheit zu seiner Voraussetzung macht, der beinhaltet, dass Wahrheit erkennbar ist, wenn man sich ihr mit den richtigen Methoden nähert. Erkennbar ist für die Wissenschaft außerdem ein Maßstab „moralischer Gesundheit": „es gibt einen Zustand moralischer Gesundheit, den zu bestimmen die Wissenschaft allein die Kompetenz besitzt." (Durkheim, 1999, 78)

Gleichzeitig beugt er möglicher Kritik vor, wenn er sagt: „Es ist schon zur Gewohnheit geworden, denen, die die Aufgabe übernehmen, die Moral wissenschaftlich zu studieren, vorzuwerfen, sie seien ohnmächtig, ein Ideal zu formulieren. Man behauptet, daß ihnen ihre Achtung vor einem Faktum nicht erlaubt, es zu überschreiten; sie können wohl beobachten, was ist, uns aber keine Verhaltensregeln für die Zukunft zur Verfügung stellen." (ebd., 78) Später in seinen Werken wird er sehr wohl eine autoritäre Verhaltensregel formulieren, die auf Anpassung und Unterwerfung unter die gegebene Moral hinausläuft.

In bezug auf die Moral geht er von der Annahme aus, dass sie sich historisch entwickelt hat und eine bestimmte Aufgabe erfüllt, wobei er es nicht versäumt, sich von den Metaphysikern abzugrenzen: „Es ist möglich, daß die Moral ein transzendentes Ziel hat, das die Erfahrung nicht erfassen kann. Damit soll sich der Metaphysiker beschäftigen." (ebd., 76f) Er sieht den Fakten-Charakter der Moral in seiner These bewiesen, dass sich Moral nur dann verändert, wenn die gesellschaftlichen Bedingungen sich verändern. Die Möglichkeit der Einflussnahme von Einzelnen ist ausgeschlossen. Später spricht er dann von Zwang, den Dinge, als die er u.a. die Moral betrachtet, auf das Individuum ausüben.

Zurück zum Anfang seines wissenschaftlichen Denkens: Wie oben schon gesagt, gibt es laut Durkheim einen Zustand moralischer Gesundheit. Als Voraussetzung dafür nennt er die gesellschaftliche Solidarität, bei ihm ein zentraler Faktor, die er eng verknüpft sieht mit dem Fortschreiten der Arbeitsteilung und der einhergehenden Individualisierung. „Die Frage, die am Anfang dieser Arbeit stand, war die nach den Beziehungen zwischen der individuellen Persönlichkeit und der sozialen Solidarität. Wie geht es zu, daß das Individuum, obgleich es immer autonomer wird, immer mehr von der Gesellschaft abhängt? [...] Uns schien, daß die Auflösung dieser scheinbaren Antinomie der Veränderung einer sozialen Solidarität geschuldet ist, die wir der immer stärkeren Arbeitsteilung verdanken." (ebd., 82) Sein Autonomiebegriff scheint sich im wesentlichen auf die der Arbeitsteilung geschuldeten Vereinzelung zu beziehen, wobei die verschiedenen Bedeutungsebenen und -nuancen des Begriffs Autonomie vernachlässigt werden.

Um den Zusammenhang zwischen Arbeitsteilung und sozialer Solidarität zu spezifizieren, untersucht er zunächst die Arbeitsteilung, um sich „einen möglichst angemessenen Begriff von ihr zu bilden." (ebd., 89) Zu diesem Zweck will er die Funktion der Arbeitsteilung ausmachen, „d.h. welchem sozialen Bedürfnis sie entspricht" (ebd., 90). Außerdem sind Ursachen und Bedingungen zu bestimmen und die verschiedenen Formen der Arbeitsteilung in normale und anormale Formen zu klassifizieren. (vgl. ebd.) Seine weitere Vorgehensweise stellt er so dar, im Anschluss daran die

Arbeitsteilung „mit anderen moralischen Phänomenen zu vergleichen, um zu sehen, welche Beziehungen zwischen ihnen bestehen." (ebd., 89) Die Untersuchung der Funktion der Arbeitsteilung beginnt er mit einem hinkenden Vergleich: Ebenso, wie die Funktion z.b. der Atmung auf ein bestimmtes Bedürfnis, nämlich das der Zuführung von bestimmten Gasen, zurückgeht, ebenso kann die Arbeitsteilung auf ein soziales Bedürfnis zurückgeführt werden. Dem Unterschied zwischen der zum Erhalt des physischen Lebens notwendigen Atmung und der der Erhöhung der Effektivität dienenden, einem bestimmten Wirtschaftssystem geschuldeten Arbeitsteilung ist mit der Differenzierung über ein ‚soziales Bedürfnis' nicht genügend Rechnung getragen. So übergeht er schon in der Ausgangsbasis seiner Überlegungen ökonomische Motive und Desiderate. Er räumt der Arbeitsteilung zwar die Rolle als „notwendige Bedingung der intellektuellen und materiellen Entwicklung der Gesellschaften" ein (ebd., 96), sein Focus liegt aber in ihrem moralischen Charakter. Als Maßeinheit für das Niveau der Moralität eines bestimmten Entwicklungsstandes der Arbeitsteilung nennt er die Selbstmordrate, die, so seine Beobachtung, im Zuge der Industrialisierung ansteigt. „Zweifellos wäre es leichtfertig, aus diesen Tatsachen zu schließen, daß die Zivilisation unmoralisch sei" (ebd., 96f).

Um die Frage nach der Auswirkung der Arbeitsteilung auf den Zusammenhang zwischen Gemeinwesen und Individualismus beantworten zu können, betrachtet er die von ihm so benannten segmentären Gesellschaften. Segmentär nennt er sie deshalb, weil sie, die Arbeitsteilung noch nicht kennend, aus einer Vielzahl von vollständig gleichen Segmenten bestehen (vgl. z.B. ebd., 229f). Ausgehend von der Annahme, dass Gleiches einander anzieht, meint er in segmentären Gesellschaften eine größere gesellschaftliche (mechanische) Solidarität ausmachen zu können. „Jeder weiß, daß wir den lieben, der uns ähnlich ist, der so denkt und fühlt wie wir." (ebd., 101) Ob diese volksweisheitliche These bei sozialpsychologischer Untersuchung standhalten könnte, ist ungewiss. Allerdings ist zutreffend, dass eine gemeinsame Sicherheit bietende Vorstellung von Wirklichkeit ein gewisses Kollektivbewusstsein zu fördern vermag. Belegen will Durkheim den Zusammenhang zwischen Gleichheit und Solidarität durch das Studium des in der entsprechenden Gesellschaft vorherrschenden Rechtsystems. Dabei unterscheidet er zwei Arten von Recht, das repressive, das Vergehen mit Strafe und Schmerz ahndet und das restitutive, das den entstandenen Schaden behebt. Da in segmentären Gesellschaften, in denen die Solidarität auf absoluter Gleichheit beruht, keine Abweichungen und Besonderheiten geduldet werden dürfen, herrscht hier das repressive Recht vor (vgl. ebd., z.B. 155ff). Eine andere Form der Solidarität entsteht laut Durkheim aufgrund der Ergänzung von Unterschieden. „Es kommt sehr oft vor, daß wir uns zu Personen, die uns nicht ähnlich sind, hingezogen fühlen, gerade weil sie uns nicht ähnlich sind. [...] Nur Unterschiede einer bestimmten Art fühlen sich demnach zueinander hingezogen, nämlich diejenigen, die sich gegenseitig ergänzen, statt sich einander zu widersetzen und auszuschließen." (ebd., 101f) Diese Form der Solidarität, die aus der Arbeitsteilung hervorgeht, nennt er organische Solidarität, die im Gegensatz zur mechanischen Solidarität der segmentären Gesellschaften steht. Als Beispiel nennt er hier die geschlechtliche Arbeitsteilung zwischen Mann und Frau. Innerhalb der organischen Solidarität ist ein großes Maß an Individualismus möglich, ohne dass das aus der Ergänzung der Unterschiede resultierende Gleichgewicht Schaden nimmt; im Gegenteil: diese Solidarität basiert auf der Gegensätzlichkeit. So entstehen im Fortschreiten der Arbeitsteilung auch größere Vernetzungen von Abhängigkeiten: „Ganz anders wird dies in dem Maß, in dem sich die Arbeit teilte. Die verschiedenen Teile des Aggregats können, weil sie verschiedene Funktionen erfüllen, nicht leicht voneinander getrennt werden." (ebd., 202) So entsteht in dem Bewusstsein des Zusammenwirkens eine Bindung an die Gemeinschaft, die aber das Individuelle erhalten und stärken muss, da sie darauf baut. „Das Kollektivbewußtsein muß also einen Teil des Individualbewußtseins freigeben, damit dort spezielle Funktionen entstehen, die es nicht regeln kann. Je größer diese Region ist, um so stärker ist die Kohäsion, die aus dieser Solidarität entspringt." (ebd., 183)

Dort, wo hingegen die Solidarität ein Resultat der Gleichheit ist, wie im Fall der mechanischen Solidarität, bedeutet eine Abweichung von dieser Gleichheit, also jeder Individualismus, eine mögliche Bedrohung der Einheitlichkeit.

Neben dem größeren Bindungspotential der organischen Solidarität ist sie weniger anfällig für Krisen als die mechanische Solidarität, da die Gemeinschaft in ihrer grundlegenden Struktur nur schwer angreifbar ist, sondern bei bedeutenden Diskrepanzen ein Individuum, das in einem Teilgefüge eine Rolle spielte (wenn auch unter harmonischen Störungen) ersetzbar ist, ohne dass die zugrundeliegende Struktur gefährdet wäre.

Durkheim vertritt die These, dass die Geschichte der Menschheit eine Geschichte der gerichteten Entwicklung der Solidarität ist, nämlich von der mechanischen hin zur organischen. „Es ist also ein Gesetz der Geschichte, daß die mechanische Solidarität, die zuerst allein oder fast allein stand, nach und nach an Boden verliert und daß die organische Solidarität ein immer stärkeres Übergewicht erhält." (ebd., 229) Infolge dessen, so Durkheim, verändert sich auch die Struktur der Gesellschaft.

Ausgelöst und vorangetrieben wird diese Entwicklung von einem bestimmten Mechanismus, und zwar der Vermehrung und Konzentration der Bevölkerung. Um die in der Quantität gestiegenen Ansprüche an Nahrungsmittel erfüllen zu können, wurde zwecks Erhöhung der Produktivität die Arbeitsteilung eingesetzt. Außerdem konnte so die Konkurrenzsituation um begrenzte Ressourcen entschärft werden. Nach Durkheim vermindert also arbeitsteilige Differenzierung den Konkurrenzdruck, der aus ‚Bevölkerungswachstum', zunehmender ‚sozialer Dichte' resultiert. (Hier beruft er sich auf Darwin [vgl. Schimank, 2000, 41].) Gesellschaftliche Differenzierung ist in diesem Sinne ein Resultat von Konkurrenzvermeidung, weil sich die Subjekte auf der Suche nach einer Nische im Konkurrenzkampf spezialisieren und dadurch eben arbeitsteilig differenzieren: „Die Arbeitsteilung ist also ein Ergebnis des Lebenskampfes, aber in einer gemilderteren Form. Dank der Arbeitsteilung brauchen sich die Rivalen nicht gegenseitig zu beseitigen, sie können im Gegenteil nebeneinander existieren. Nach Maßgabe ihrer Entwicklung liefert sie einer größeren

Anzahl von Individuen, die in homogeneren Gesellschaften zum Verschwinden verurteilt wären, die Mittel, sich zu erhalten und zu überleben." (Durkheim, 1999, 330) Hier zeigt sich eine Affinität zu Spencer, für den der „graduelle Vorgang zunehmender gesellschaftlicher Differenzierung [...] an einem bestimmten Punkt einen Wechsel der Gesellschaftsform mit sich (bringt), Quantität schlägt in Qualität um." (Schimank, 2000, 29) Wo Durkheim jedoch differenzierungstheoretisch argumentierte, bezog Spencer sich auf das freie Spiel gesellschaftlicher Kräfte für den Zweck gesellschaftlicher Integration über Marktkoordination.

Hier klingt schon jener durch den derzeit aktuellen Aufstieg der bourgeoisen Klasse gespeiste Fortschrittsoptimismus durch, wiewohl Durkheim hier noch zu differenzieren versucht und sich (wiederholt) von Spencer abgrenzt: Er zweifelt im Gegensatz zu Spencer daran, dass automatisch mit dem Fortschreiten der Arbeitsteilung auch das Glück wächst (vgl. Durkheim, 1999, 290f). Er nimmt im Gegenteil an, dass sich dem Verlauf der Entwicklung Widerstände entgegenstellen können, so dass es zur Herausbildung von „pathologischen" Formen der Arbeitsteilung kommen kann (vgl. ebd., 421ff).

Arbeitsteilung in pathologischen Formen

„Wenn die Arbeitsteilung auch normalerweise Solidarität erzeugt, so kann sie dennoch auch zu ganz anderen und sogar entgegengesetzten Ergebnissen führen. Wichtig ist es also zu untersuchen, was sie von ihrer natürlichen Richtung ablenkt." (ebd., 421) Durkheims Interesse richtet sich also ersichtlich darauf, eine bestimmte Form der Arbeitsteilung als natürliche zu stilisieren und nachzuweisen, dass es sich bei den pathologischen Formen nicht um solche handelt, die schon im Prinzip der Arbeitsteilung angelegt sind, sondern eben um Ausnahmefälle, die sich auf externe Ursachen zurückführen lassen.

Er beschreibt zunächst zwei anomische Formen der Arbeitsteilung, von denen es zwar, wie er sagt, mehr gibt, „aber diejenigen, die wir besprechen wollen, sind die allgemeinsten und ernsthaftesten." (ebd., 422)

Als ersten anomischen Fall benennt er „die industriellen und kommerziellen Krisen, durch die Konkurse geliefert, die nichts anderes sind als Teilzusammenbrüche der organischen Solidarität" (ebd.). Durkheim spricht von der fehlenden oder fehllaufenden Abstimmung bestimmter sozialer Funktionen. Er macht folgende Feststellung: „Je mehr sich die Arbeit teilt, desto häufiger werden solche Phänomene anscheinend" (ebd.). Er zieht den widersprüchlichen Schluss: „Man kann diese Tatsache indessen nicht dem Wachstum des Wirtschaftslebens zuschreiben, denn die Unternehmen haben sich weit eher konzentriert als vervielfacht." (ebd.)

Dass es infolge der Konzentration der Unternehmen zu Konkursen von kleineren Unternehmen kommt, ist der dann folgenden fehlenden Konkurrenzfähigkeit der kleinen Unternehmen gegenüber den billiger produzierenden Konzernen zuzuschreiben und eine ebenso einfache Erklärung wie Schlussfolgerung, wie man sie z.B. der Marxschen Analyse entnehmen kann. Dass Durkheim diese Schlussfolgerung nicht gelingt, mag an seiner unkritischen Haltung gegenüber dem entsprechend gearteten Wirtschaftswachstum liegen. Er hingegen scheint eher bemüht, Legitimationsarbeit für ein Wirtschaftssystem zu leisten, dass er nicht als eines unter anderen möglichen erkennt.

Als weiteres Beispiel für die fehlende Abstimmung bestimmter sozialer Funktionen nennt er den Klassenkampf, bzw. in seinen Worten, die „Feindschaft zwischen Arbeit und Kapital". „In dem Maß, in dem sich die industriellen Funktionen weiter spezialisieren, wird der Kampf lebhafter, statt daß sich die Solidarität vermehrte." (ebd.) Mit Beginn der großen Industrie, so beobachtet Durkheim, „hat sich diese Zerrissenheit zugespitzt." (ebd., 424) Er führt die Spannungen darauf zurück, dass die Arbeiterklasse mit den ihr zur Verfügung stehenden Bedingungen und Möglichkeiten nicht zufrieden ist, sich jedoch fügen muss, weil sie andererseits nicht über die Macht verfügt, diese Bedingungen zu verändern. Gleichzeitig erkennt er aber, dass es in allen Gesellschaften diejenigen gibt, die nicht in der Lage sind, ihre gesellschaftlichen Bedingungen zu verändern und somit sich mit einem gewissen Maß an Zwang abfinden müssen. Allein mit dem Zwang ist die zunehmende Zerrissenheit in industriellen Gesellschaften also nicht zu erklären. „Sie muß also teilweise eine andere Ursache haben." (ebd.)

Als andere Ursache entwickelt er die in der Arbeitsteilung angelegte Tendenz, dass das arbeitsteilig arbeitende Individuum sich „gebeugt über seine Aufgabe, in seiner speziellen Tätigkeit isoliere" (ebd., 425). Es isoliert sich nicht nur von dem sozialen Zusammenhang, sondern auch von dem Zusammenhang der Arbeit, die ja trotz der Teilung und Isolation ein Gemeinschaftswerk bleibt. Comte referierend entwickelt er den Widerspruch zwischen der Vereinzelung bei der Arbeit und der daraus folgenden Abkehr von dem Gedanken an das Ganze und der gleichzeitigen festen Einbindung in einen Prozess und einer daraus folgenden Abhängigkeit von der Masse.[2] Weder von Comte noch von Durkheim wird daraus der Schluss gezogen, dass die Arbeitsteilung zumindest in ihrer industriellen Form, kritisierbar oder gar veränderbar ist. „Die Vielfalt der Funktionen ist nützlich und notwendig. Da aber die Einheit, die nicht weniger unentbehrlich ist, nicht spontan daraus hervorgeht, muß die Sorge, sie zu realisieren und zu bewahren, zur Aufgabe einer speziellen Funktion im sozialen Organismus werden, der sich ein unabhängiges Organ widmet." (ebd., 426) Auserkoren für diese Aufgabe hat Durkheim den Staat, dessen Aufgabe es ist, Integrationsarbeit zu leisten, um diejenigen zu integrieren, die versuchen, mit ihren Ideen, Gefühlen und Interessen „den sozialen Fortschritt in allen wichtigen Beziehungen aufzuhalten" (ebd., 427). Diese Entwicklung der Zersplitterung gilt es zu zügeln. [3]

In Comtes Ausführungen hat Durkheim auch das Mittel zur Zügelung dieser Zersplitterung gefunden: „'Es ist in der Tat klar, daß das einzige wirkliche Mittel zur Verhinderung einer solchen Zerstreuung darin besteht, diese unerläßliche Rückwirkung zu einer neuen besonderen Funktion zu erheben, die geeignet ist, bei der gewöhnlichen Erfüllung aller verschiedenen Sonderfunktionen der sozialen Ökonomie entsprechend ein-

---

[2] Hier wird man an den Begriff der „Neuen Fremdheit" von Simmel erinnert.
[3] Ähnlich wie bei Durkheim hat auch der Gehlensche Staat die Aufgabe der Integration.

zugreifen, um unaufhörlich den Gedanken an das Ganze und das Bewußtsein der gemeinsamen Solidarität darin wachzuerhalten.'" (Comte
zit. n. Durkheim, ebd., 427)

Anstatt also den ebenfalls möglichen Schluss zu ziehen, dass die industrielle Form der Arbeitsteilung der Solidarität abträglich ist und aus dieser
Erkenntnis heraus zumindest die Möglichkeit der Nichtentsprechung dieser Form der Arbeit mit der menschlichen Natur zu diskutieren, wird also
am Paradigma festgehalten und im Versuch der Umkehrung ins Positive
„diese unerläßliche Rückwirkung zu einer neuen besonderen Funktion"
erhoben (s.o.). Dahinter steckt der Versuch, das künstlich wiederherzu-
stellen, was strukturell gefährdet ist.

Die zweite pathologische Form geht aus einer erzwungenen Arbeitsteilung hervor, d.h. die Bedingungen der Verträge werden einem Vertrags-
partner unter Zuhilfenahme von physischer Gewalt oder wirtschaftlicher
Macht von dem anderen aufgezwungen. Unter diesen Umständen, so
Durkheim, kann es nicht zur Entwicklung von Solidarität kommen, sondern zur Entwicklung von Klassenkämpfen. Anders als im Organismus, in
dem niemals ein Organ die Rolle eines anderen zu übernehmen versucht
und sich jedes Organ der vorgesehenen Arbeitsteilung fügt, kann es dazu
kommen, dass unzufriedene Klassen zwar nicht nach anderen Verhältnissen, aber doch nach einer anderen Position innerhalb der Verhältnisse
streben. Wieder betont er, dass es sich hierbei nicht um eine logische
Folge der Arbeitsteilung handelt, sondern um eine Folge der Anomalie
der Arbeitsteilung. „Es (dieses Ergebnis, A. W.) entsteht nur unter besonderen Umständen, d.h. als Wirkung äußerer Zwänge." (ebd., 445) Weiterhin wird zwischen Zwang und nötiger Reglementierung unterschieden:
„Der Zwang beginnt erst, wenn die Reglementierung nicht mehr der wahren Natur der Dinge entspricht und in der Folge, da sie keine Basis mehr
in den Sitten hat, nur mehr mit Gewalt aufrechterhalten werden kann."
(ebd., 446) Damit sagt er, dass es eine Form der Arbeitsteilung gibt, die
den Individuen im weitesten Sinne gerecht wird und aus dieser sozialen
Gerechtigkeit heraus entsteht die Form der Solidarität, die zwar Regle-
mentierungen, aber keinen Zwang nötig hat. Durkheim spricht von spon-

taner Arbeitsteilung: „Aber unter Spontaneität darf man nicht einfach die Abwesenheit jeder ausdrücklichen und formalen Gewalt verstehen, sondern das Nichtvorhandensein all dessen, was, selbst indirekt, die freie Entwicklung der sozialen Kraft behindern könnte, die jeder in sich trägt." (ebd.) Ihm gelingt es, ein Bild der Arbeitsteilung nachzuzeichnen (an dem er festhält), das auf Freiheit und Gleichheit basiert, auf der uneingeschränkten Wahlmöglichkeit des Platzes innerhalb der Arbeitsteilung nach Fähigkeiten und Neigungen eines jeden Individuums. Hier treffen sich seine Vorstellungen fast mit denen von Marx, der jedem Individuum selbst innerhalb eines jeden Tages die Wahlmöglichkeiten der Form der Entäußerung lassen wollte, der allerdings über die industrielle Arbeitsteilung hinausdenkt und diese Form der Entäußerung in einer kommunistischen Gesellschaft ansiedelt: „Sowie nämlich die Arbeit verteilt zu werden anfängt, hat Jeder einen bestimmten ausschließlichen Kreis der Tätigkeit, der ihm aufgedrängt wird, aus dem er nicht heraus kann; er ist Jäger, Fischer oder Hirt oder kritischer Kritiker und muß es bleiben, wenn er nicht die Mittel zum Leben verlieren will – während in der kommunistischen Gesellschaft, wo Jeder nicht einen ausschließlichen Kreis der Tätigkeit hat, sondern sich in jedem beliebigen Zweige ausbilden kann, die Gesellschaft die allgemeine Produktion regelt und mir eben dadurch möglich macht, heute dies, morgen jenes zu tun, morgens zu jagen, nachmittags zu fischen, abends Viehzucht zu treiben, nach dem Essen zu kritisieren, wie ich gerade Lust habe, ohne je Jäger, Fischer, Hirt oder Kritiker zu werden." (Marx 1969, 33) Die Notwendigkeit der Reproduktion verbleibt allerdings trotzdem.

Bei Durkheim ist die Arbeitsteilung im Optimalfall der Spiegel der Ungleichheit der Neigungen und Fähigkeiten und der Gleichheit der Bedingungen innerhalb der Gesellschaft: „Die vollkommene Spontaneität ist also nur eine Folge und eine andere Form dieser andersgearteten Tatsache: der absoluten Gleichheit bezüglich der äußeren Bedingungen des Kampfes." (Durkheim, 1999, 446) Was hier so paradiesisch klingt, ignoriert aber die Realität insofern, als dass es zumindest in der kapitalistischen Arbeitsteilung aufgrund ungleicher Besitzverhältnisse immer auch ein Machtgefälle gibt, das eine Gleichheit in Durkheims Sinne unmöglich macht. Zwar mag er nicht behaupten, dass hier Arbeitsteilung in ihrer reinen, also nicht pathologischen Form vorliegt, jedoch stellt er Folgendes fest: „Es könnte also scheinen, als ob man kein Recht habe, einen Charakterzug als normal anzusehen, den die Arbeitsteilung niemals in reiner Form zeigt, würde man nicht andrerseits bemerken, daß diese Ungleichheiten umso mehr dazu neigen, sich völlig einzuebnen, je höher man in der sozialen Stufenleiter steigt und je mehr der segmentäre Typ hinter dem organisierten zurücktritt." (ebd., 447) U.a. am Beispiel des Kastensystems lässt er sich über die Chancengleichheit aus und behauptet, dass öffentliche Ämter „in steigendem Maße jedermann ohne Vermögungsvorbedingungen offen" stehen, jedoch ignoriert er die Tatsache, dass denjenigen aus wohlhabenderem Hause z.B. ein anderes Sprachvermögen, aber auch bessere Bildungschancen, mehr Zeit für die Ausbildung usw. zur Verfügung stehen, als denjenigen, die sich früh an der Erarbeitung des Familieneinkommens beteiligen müssen.

Durkheim bemüht sich ausführlich argumentierend um die Verteidigung seiner These, dass die Gleichheit sich im Verlauf der Entwicklung des organisierten Typus durchsetzt: „Noch deutlicher zeigt diese Tendenz sich in dem heute so verbreiteten Glauben, daß die Gleichheit unter den Bürgern immer größer werde und daß genau dies gerecht sei. Ein so allgemeines Gefühl kann keine reine Illusion sein, sondern muß, wenn auch auf konfuse Weise, einen Teil der Wirklichkeit ausdrücken." (ebd., 448) Ungewollt liefert er hier ein Stichwort (Glaube), das Zynismus Tür und Tor öffnet: Angesichts der Vielfalt und Unterschiedlichkeit verschiedener Glaubensrichtungen, könnte man deren tatsächliche Verankerung in der Wirklichkeit, so es die eine gibt, zumindest diskutieren.

Und weiter gibt es in der Philosophiegeschichte den Gedanken, dass der Glaube nur der Erklärung von Phänomenen dient, die auf andere, rationale oder intellektuelle Weise (noch) nicht zu erklären sind. Solange bietet der Glaube zumindest die scheinbare Sicherheit der Durchschaubarkeit und Kontrollierbarkeit.

Durkheim macht mit einer Kapitelüberschrift „Eine weitere anormale Form" (ebd., 459) der Arbeitsteilung aus, die er jedoch nicht so ausführlich behandelt wie die vorhergehenden, vielleicht auch, da sie aus der ersten hervorgeht. Mit der Verteilung der Funktionen im Zuge der Arbeitsteilung gehen auch Unübersichtlichkeit, Zusammenhanglosigkeit und Unordnung im Arbeitsablauf einher. Durch die wie im ersten pathologischen Fall beschriebene Zersplitterung der Zusammenhänge, deren vor allem soziale Folgen dort beschrieben sind, geht er hier mehr auf die betriebswirtschaftlich relevanten und arbeitspraktischen Folgeerscheinungen ein. „In der Tat weiß man, daß in einer Verwaltung, in der ein Angestellter nicht genügend beschäftigt ist, die Bewegungen schlecht zusammenpassen, die Operationen nicht aufeinander abgestimmt sind, mit einem Wort, sich die Solidarität lockert, Zusammenhanglosigkeit und Unordnung auftauchen." (ebd., 459) Der hier gemeinte Zusammenhang kommt folgendermaßen zustande: „Denn in der Tat hängt die Solidarität auf sehr allgemeine Weise sehr eng von der funktionalen Tätigkeit der spezialisierten Parteien ab. Beide variieren in direkter Abhängigkeit zueinander. Wo also die Funktionen lustlos erfüllt werden, können sie noch so spezialisiert sein; sie passen dann nur schlecht zusammen und fühlen ihre gegenseitige Abhängigkeit nur unvollständig." (ebd., 460) Da die einzelnen Funktionen nur an Effektivität gewinnen können, wenn Gleiches auch bei anhängenden Funktionen geschieht, kann schon der Einzelne im arbeitsteiligen Produktionsprozess für Einbußen sorgen bzw. das Fortschreiten die Entwicklung der Effektivierung bremsen. Außerdem muss mit der Effektivierung ein Zuwachs an solidarischem Gefühl einhergehen, da der neue Stand der Effektivität sonst nicht von Dauer ist. Wenn die Solidarität in dem Maße mitwächst, ist damit auch die Basis für eine neuerliche Steigerung der Effektivität und wiederum auch der Solidarität geschaffen: „Jedes Anwachsen der Tätigkeit einer Funktion impliziert, indem es einen entsprechenden Zuwachs in den solidarischen Funktionen voraussetzt, seinerseits einen neuerlichen Zuwachs seiner selbst." (ebd., 462)

Auch hier stellt Durkheim zur Verdeutlichung wieder Vergleiche zwischen Mensch und Tier an (Vergleich u.a. der Atmungsfunktionen von Mensch und Frosch), die seine These (auf seltsame und nur im Zusammenhang positivistischer Argumentation zu verstehende Weise) verdeutlichen sollen.

Durkheim hat also nicht wie manche andere Positivisten einzig die positiven Seiten des Fortschritts herausgekehrt oder gar konstruiert, sondern sich auch mit Begleiterscheinungen beschäftigt, die der Arbeitsteilung als negative angelastet werden könnten. Allerdings hat Durkheim einen anderen Weg gefunden, den Fortschrittsgedanken aufrechtzuerhalten und zu bestätigen, indem er nämlich die negativen Erscheinungen, wie z.b. den Zerfall der Solidarität, nicht als direkte Folge der Arbeitsteilung fasst, sondern als ihre pathologischen Schwestern. Somit bleibt die nicht-pathologische Form der Arbeitsteilung exculpiert.

In der Zusammenfassung seiner Arbeit „Über soziale Arbeitsteilung" bestätigt er seine eingangs geäußerten Vermutungen: „Wir können also verallgemeinernd sagen, daß das Kennzeichen der Moralregeln darin besteht, die fundamentalen Bedingungen der sozialen Solidarität auszudrücken. [...] Hiermit sieht man, wie ungenau es ist, Moralität durch die Freiheit zu definieren, wie man es oft getan hat; sie besteht viel eher aus einem Zustand der Abhängigkeit. Sie dient keineswegs dazu, den Menschen zu emanzipieren, ihn aus dem ihn umgebenden Milieu loszulösen, sondern hat im Gegenteil die wesentliche Aufgabe, aus ihm einen integrierten Teil eines Ganzen zu machen und ihm folglich etwas von der Freiheit seiner Bewegungen zu nehmen." (ebd., 468) Hier schon kann man einen autoritären Unterton vernehmen, der sich in seinen späteren Werken weiter durchsetzt. In der Arbeitsteilung sieht Durkheim die Hauptquelle der Solidarität. Die Gesellschaft, eine Macht mit rätselhaftem Eigenleben, steht über allem und die Individuen haben sich notfalls unter staatlicher Zuhilfenahme von Repressalien dieser Gemeinschaft unterzuordnen.

Vom kritischen Standpunkt aus scheinen bei Durkheim Kategorien vermischt: Auf der einen Seite steht der Begriff der Solidarität, den Durkheim zu analysieren versucht; andererseits verquickt er seinen Solidaritätsbegriff mit der industriellen Produktion. Er selbst hat verschiedene Formen der Arbeitsteilung beschrieben, die sich destruktiv auf die Solidarität auswirken und kommt zu dem Schluss, dass einzig eine Form der Arbeitsteilung eine geradezu naturwüchsige Solidarität hervorbringt, nämlich die Form, die auf absoluter Chancengleichheit beruht. Und hier entsteht der Bruch in seinem Denken: obwohl er feststellt, dass es fraglich ist „einen Charakterzug als normal anzusehen, den die Arbeitsteilung niemals in reiner Form zeigt" (ebd., 447), hält er an seinem Solidaritätsbegriff fest, ohne seine Basis und seine gesellschaftlichen Bedingungen und reellen Möglichkeiten zu hinterfragen. Weitgehend unbeachtet bleiben Interessen, Interessengegensätze und Machtverhältnisse, die seiner auf Chancengleichheit beruhender Solidarität gegenüberstehen. Er spricht zwar Ungleichheiten an, behauptet aber im gleichen Atemzug, dass diese Ungleichheiten der Gesellschaft kein Leid zufügen können, solange ihnen kollektive Überzeugungen entgegenstehen, die Solidarität schaffen: „Die Gesellschaft leidet nicht unter ihnen, weil sie ihretwegen keiner Gefahr ausgesetzt ist." (ebd., 454)

So lange wie im kapitalistischen Produktionsprozess der Profit im Mittelpunkt des Interesses steht und dieser Profit ungleich verteilt wird, kurzum der Tauschwert dem Gebrauchswert gegenübersteht, besteht auch ein unausgewogenes Chancenverhältnis.

Er löst dieses von ihm selbst produzierte Dilemma auf, indem er die Rolle des Staates als autoritäre Wächterin über die Einhaltung einer nun künstlichen Solidarität betont. Damit gelingt es ihm zwar nicht, den Bruch zu kitten, aber immerhin kann er sich so über ihn hinwegsetzen.

Ein weiteres Thema, mit dem sich Durkheim auseinandersetzt, ist der Selbstmord. Seine Argumentation baut sich in diesem Punkte, Gehlen vergleichbar, auf dem Mangel an Instinkten auf. Den menschlichen Begierden sind nicht, wie bei Tieren, durch die Instinkte Grenzen gesetzt. Die Unersättlichkeit des Menschen hat permanente Misserfolge, Enttäuschungen und Unzufriedenheit zur Folge, wenn diese grenzenlosen

Wünsche nicht erfüllt werden oder unerreichbare Ziele gesteckt werden. Hier sieht Durkheim die Anomie in der anthropologischen Konstitution angelegt.

Wenn es der Gesellschaft nicht gelingt, ihrer Pflicht nachzukommen und eine mäßigende Funktion auszufüllen, dann entwickelt sich aus unerfüllten Begierden ein solches Leid, dass in der Folge die Selbstmordrate steigt. Die Selbstmordrate wird also von Durkheim als Indikator für die (so definierte) Funktionstüchtigkeit von Gesellschaft gesehen. Damit ist die Gesellschaft nicht nur in ihrer Funktion sondern auch in ihrer Form zumindest im groben Rahmen festgelegt und lässt nur wenig Gestaltungsspielraum. Anomie ist somit grundsätzlich in der anthropologischen Konstitution des Menschen angelegt, womit wiederum die Gesellschaft, sofern sie ihre Autorität entsprechend walten lässt und ein Maß an Wohlbefinden setzt, als zugrunde liegende Ursache aus der Diskussion genommen ist. Die Suche nach Ursachen von Selbstmordraten in der Gesellschaftsstruktur ist damit vorzeitig beendet und jede Analyse abgewehrt. Die Schlussfolgerungen sind damit nach dem multiple-choice-Prinzip begrenzt. Durkheim wertet außerdem in seinem Buch die Selbstmordstatistiken aus und kommt zu einigen Ergebnissen, die seine These bestätigen, dass die Selbstmordrate im Verhältnis zur Integrationsfähigkeit der Gesellschaft oder ihrer Untergruppierungen steht. Je besser das Individuum in seine jeweilige Schicht integriert ist, umso unwahrscheinlicher ist laut Durkheim ein Suizid (vgl. Hauck, 1984, 98ff). Aber wie ist nun der Zusammenhang zwischen Integrationsfähigkeit und Maßhaltung herzustellen? Ist ein Individuum, dessen Bedürfnisse von der Gesellschaft begrenzt werden, automatisch integriert? Hat die Gesellschaft, die diese Maßgebung versteht, automatisch hohes Integrationspotential? Hier wird der eingeschränkte Blickwinkel Durkheims besonders deutlich, da er wenige Variablen zur Voraussetzung für seine Thesen macht.

Geradezu zynisch ist der alleinige Maßstab der Selbstmordrate für den pathologischen oder anomischen Zustand einer Gesellschaft: Armut, Hungersnot, unwürdige Arbeits- und Lebensbedingungen oder ein hoher Krankheitsstand würden demnach hingenommen und die Gesellschaft auf dieser Grundlage als normal definiert, solange nur die Selbstmordrate auf niedrigem Niveau bleibt.

In seinen Ausführungen zur Erziehung findet sich diese Argumentation wieder: dem ungezügelten Drängen der menschlichen Natur nach Befriedigung ihrer Bedürfnisse sind möglichst schon im Kindesalter strikte Grenzen zu setzen, um es zu einem Wesen zu formen, das sich der Gesellschaft und geltender Moral unterordnet. Er spricht sich gegen eine Vermittlung von Kunst und Ideen philosophischer Art aus, da durch sie Wünsche wachgerufen werden, die, wie schon referiert, aus mangelnder Erfüllung zu Qual und Unzufriedenheit führen. Dem Verstand, so Durkheim, sind Grenzen gesetzt und eine übermäßige Betonung der Verstandestätigkeit oder der künstlerischen Tätigkeit würde eine Verkümmerung der Handlungsfähigkeit nach sich ziehen. „Damit wir uns im Leben zurechtfinden, müssen wir viele Dinge hinnehmen, ohne daß wir sie wissenschaftlich einsehen." (Durkheim, 1984, 92) Er hingegen spricht sich für das ausgewogene Nebeneinander der verschiedenen Bereiche des Lebens unter Vermeidung jeder Maßlosigkeit aus. „Ein unersättlicher Durst kann nicht gestillt werden. [...] Der Abstand bleibt immer der gleiche, wie weit man auch geht." Ohne damit seinem hier durchscheinenden Wahrheitsbegriff, Wahrheit als Annäherungswert, widersprechen zu wollen, setzt er dem Wissen, dem Potential der Erkenntnis unter Heranziehung der Grenzen der menschlichen und gesellschaftlichen Leidensfähigkeit eine künstliche Grenze: „Um sich seiner selbst bewußt zu werden, braucht der Mensch keinen grenzenlosen Horizont. Nichts ist ihm schmerzlicher als die Unsicherheit einer solchen Perspektive. Er braucht keinen Auslauf ohne erkennbares Ziel. Er kann nur glücklich sein, wenn er sich bestimmten und besonderen Aufgaben widmet." (ebd., 93)

Durkheim stellt die Frage, ob diese von ihm geforderten Grenzen, die ja das gesellschaftliche Glück bedeuten, nicht eine Einbuße an Handlungsfähigkeit zur Folge haben und verneint diese Frage selbst: „Vielleicht fragt man sich, ob dieses Glück nicht zu teuer erkauft wurde. Ist nicht jede Grenze, die unserer Fähigkeit gesetzt ist, aus dem Zwang der Dinge, eine

Machteinbuße? Beinhaltet nicht jede Grenze eine Abhängigkeit? Es scheint also, als ob eine begrenzte Tätigkeit eine weniger reiche Tätigkeit wäre, wobei sie zugleich weniger frei und weniger Herr ihrer selbst ist. Dieser Schluß scheint so einleuchtend wie eine Binsenwahrheit zu sein. In Wirklichkeit ist es eine Täuschung des gesunden Menschenverstandes, und wenn man nur ein wenig nachdenkt, kann man sich leicht überzeugen, daß im Gegenteil die vollkommene Allmacht ein anderer Name für eine vollkommene Ohnmacht ist." (ebd., 97)

Die Begründung für diese Behauptung ist schon bekannt: Unbegrenzte, unersättliche Begierden bemächtigen sich des hilflosen, dann von seinen eigenen Neigungen versklavten Menschen und machen aus ihm einen unzufriedenen Despoten und die Gesellschaft krank. Tatsächlich: wenn man nur wenig nachdenkt, könnte man zu diesem Schluss kommen: „Wenn unsere Neigungen keinem Maß mehr unterworfen sind, wenn nichts mehr sie begrenzt, so werden sie ihrerseits tyrannisch, und ihr erster Sklave ist der Mensch selbst, der sie empfindet." (ebd.) Die Aufgabe der Gesellschaft liegt darin, diese Neigungen zu beschränken und damit die Religion zu ersetzen, die vormals diese Funktion erfüllt hat: „Mit einem Wort: man muß die rationalen Vertreter dieser religiösen Begriffe finden, die so lange als Vermittler für die wichtigsten moralischen Ideen gedient haben." (ebd., 64) Dabei werden die Ideen der Moral der transzendentalen Verkleidung entledigt, an die empirische Wirklichkeit angeglichen und zu rationalen, dem Stand der Wissenschaft angemessenen Gesetzmäßigkeiten formuliert. Dabei sieht er die Gefahr, dass der Moralerziehung auf dieser rationalen Basis mit dem transzendentalen Aspekt auch die Würde, die Vitalität, die natürliche Autorität und der Zauber verloren gehen. „Es genügt nicht auszuscheiden, man muß ersetzen." (ebd., 66)

Neben der Arbeitsteilung, dem Selbstmord und der Erziehung ist also auch die Religion eines seiner Themen. Außerdem arbeitet er das von ihm schon früher behandelte Problem der soziologischen Herangehensweise in seinem Buch „Regeln der soziologischen Methode" weiter aus. Auf die erste dieser Regeln, die besagt, dass alle soziologischen Tatbestände als Dinge zu betrachten sind, wurde schon zu Beginn des Kapitels eingegangen. Alle vorher gefassten Meinungen und Vorstellungen über das entsprechende Ding sind aus dem Wissen zu löschen. Er spricht von Phantomen, die die Dinge in unseren Augen anders erscheinen lassen, als sie sind. „Es sind die *idola*, gewissermaßen Phantome, die das wahre Aussehen der Dinge entstellen, und die wir dennoch für die Dinge selbst nehmen." (Durkheim, 1976, 117)

Ob und inwieweit es möglich ist, unwissend an die Dinge heranzutreten, ohne dass die vorher entstandenen Vorstellungen unbewusst doch Einfluss nehmen, lassen wir vorerst dahingestellt. Durkheim jedenfalls fordert, „daß sich der Soziologe in den geistigen Zustand versetzt, in welchem sich der Physiker, Chemiker und Physiologe befindet, sobald er an einen noch unerforschten Gegenstand herangeht." (ebd., 91) Des weiteren wird hier missachtet, was grundsätzlich das Problem unter anderem der Sozialwissenschaften ausmacht, dass der Erkennende und das Erkenntnisobjekt in einer Person vereint sind, abgesehen davon, dass fraglich bleibt, ob Menschen ebenso berechenbar sind wie z.B. physikalische Erscheinungen.

Aber grundsätzlich ist die Haltung, die Durkheim dem Wissenschaftler abfordert, ernst zu nehmen: „Es bedeutet vor allem, an ihre Erforschung mit dem Prinzip heranzutreten, daß man absolut nicht weiß, was sie sind und daß ihre charakteristischen Eigenschaften sowie die sie bedingenden unbekannten Ursachen durch Introspektion nicht entdeckt werden können, mag sie noch so aufmerksam sein." (ebd., 90) Einerseits ist dieser Ansatz sinnvoll, sofern er sich auch auf ideologische Inhalte bezieht, sofern er dem Forscher dazu verhilft, über den Tellerrand seines eigenen gesellschaftlichen Daseins zu blicken. Andererseits ist eine Handlung nicht analysierbar, wenn sie nicht im Kontext von Gesellschaft betrachtet wird, um ihre je unterschiedliche Bedeutung zu erfassen. Inwieweit ist es also tatsächlich möglich, Gesellschaft zu kategorisieren?

An seiner Kategorisierung in Normales und Pathologisches festhaltend, besagt seine zweite Regel der soziologischen Methode, dass das „Normale" und das „Pathologische" zu definieren und zu unterscheiden sind:

„diejenigen, die durchaus so sind, wie sie sein sollen, und diejenigen welche anders sein sollten, als sie sind, also die normalen und die pathologischen Phänomene." (ebd., 141) Der Soziologe kann demnach ähnlich das Normale und die Abweichungen davon diagnostizieren, wie der Mediziner Gesundheit und Krankheit. Der Durchschnitt soll dabei als Anhaltspunkt dienen, obwohl er durchaus kritisch auf die Gefahr hinweist, dass der je unterschiedliche Blickwinkel diese Diagnose beeinflussen kann. „Diesem Verfahren ist es ja zuzuschreiben, daß in der Soziologie wie in der Geschichte je nach der persönlichen Stimmung der Forscher die Geschehnisse bald als heilsam, bald als verderblich hingestellt wurden." (ebd., 147) Sein Zweifel reicht allerdings nicht weit, denn er selbst sieht sich in der Lage, objektive Kennzeichen zu erkennen, die diese Diagnose wissenschaftlich rechtfertigen. Hier ist außerdem gegen die Weise der Stilisierung des Durchschnittstyps zum Normalen einzuwenden, dass nach dem Charakter des Durchnittstypus nicht gefragt wird: Hunger, Kriminalität und Elend in Gesellschaften sind u.a. Variablen, die in den Durchschnitt einfließen; sollte also jeder ein durchschnittliches Maß an Hunger, Kriminalität und Elend anstreben, um als normal zu gelten?

Durkheim versucht also die Begriffe des Alltags durch wissenschaftliche Begriffe zu ersetzen, die bestimmte Kriterien erfüllen müssen. Um zu vermeiden, dass sich der Forscher von einer vorgefassten Meinung leiten lässt, wird der Forschungsgegenstand zunächst anhand von einfachsten, äußerlichsten Merkmalen definiert. Zu den expliziteren Definitionen und Merkmalen kommt man dann erst durch das Arbeiten mit diesen wissenschaftlichen Definitionen. „Daher ist folgende Regel gerechtfertigt: *Immer ist zum Gegenstande der Untersuchung nur eine Gruppe von Erscheinungen zu wählen, die zuvor durch gewisse äußere gemeinsame Merkmale definiert worden ist*" (ebd., 131). Dass allein in dieser Kategorisierung schon eine gewisse Willkür oder vorgefasste Meinung steckt, bleibt unhinterfragt. Aber: „Wenn der Soziologe so vorgeht, so faßt er vom ersten Schritte an festen Fuße in der Wirklichkeit. Tatsächlich hängt das Verfahren bei einer solchen Klassifikation der Tatsachen nicht von ihm, von der besonderen Richtung seines Denkens ab, sondern von der Natur der Dinge." (ebd., 132)

Das Ding ist daran zu erkennen, dass der Mensch ihm nicht seine Natur aufzwingen kann, sondern er sich der Natur des Dings anpassen muss: „In der Tat wird das Ding hauptsächlich daran erkannt, daß es durch einen bloßen Willensentschluß nicht veränderlich ist. Das bedeutet nicht, daß es unbedingt jeder Änderung widerstrebt. Doch reicht das bloße Wollen nicht aus, um eine Wandlung hervorzurufen, es bedarf dazu vielmehr einer mehr oder minder mühsamen Anstrengung [...]. Weit davon entfernt, ein Erzeugnis unseres Willen zu sein, bestimmen sie (die sozialen Erscheinungen, A.W.) ihn von außen her; [...] Häufig ist dieser Zwang so stark, daß wir ihm nicht ausweichen können." (ebd., 126) Der Zwang ist also für Durkheim ein wesentliches charakteristisches Merkmal der sozialen Tatbestände, am Merkmal des Zwanges erkennt man, dass Dinge real sind. Hier kommt der Aspekt der Übermächtigkeit der sozialen Strukturen zur Geltung. Die Gesellschaft führt laut Durkheim eine eigene Existenz, die außerhalb der Existenz der Individuen liegt. Fast schon wie der Hegelsche Weltgeist oder die Gehlensche „idée directrice" führen hier wirtschaftliche, politische und soziale Strukturen eine Eigenleben, das sich unbeirrbar von individuellen Ideen an den Köpfen der Individuen vorbei fortsetzt. Dem Individuum bleibt nur noch, sich (ähnlich wie dem mit Haut und Haaren von Institutionen konsumierten und sich konsumieren lassenden Individuum bei Gehlen) den gegebenen Strukturen anzupassen.[4]

Durkheim ist bewusst, dass diese Strukturen ihren Ursprung in Ideen der Individuen haben müssen, die sich aber dann von ihrem Ursprung weg entwickeln. „Denn alles, was real ist, hat eine bestimmte Natur, die einen Zwang ausübt, mit der man rechnen muss und die niemals überwunden wird, auch nicht, wenn man sie neutralisiert. Das ist im Grunde das Wesentlichste am Begriffe des sozialen Zwanges. Sein Inhalt erschöpft sich darin, daß die kollektiven Handlungs- und Denkweisen eine Realität außerhalb der Individuen besitzen, die sich ihnen jederzeit anpassen müs-

---

[4] Gehlen spricht nicht vom Zwang, sondern von Imperativen.

sen. Sie sind Dinge, die eine Eigenexistenz führen." (ebd., 99) Der Zwangscharakter beweist weiter, dass er außerhalb des Bewusstseins des Individuums existiert, sonst würde es nicht zu Zusammenstößen zwischen Individuum und moralischen Vorstellungen kommen. Die freiwillige Anpassung an die Norm bedeutet nur, dass der äußerliche, fremde Zwang verinnerlicht wurde.

Der Zwang, den die moralische Autorität ausübt, ist nicht mit dem einer materiellen Autorität vergleichbar. „Ein Verstoß gegen diese Normen wird bestraft, *weil* sie kraft moralischer Autorität Geltung beanspruchen; sie genießen diese Geltung nicht darum, weil externe Sanktionen Nachachtung erzwingen" (Habermas, 1999, 77). Habermas sieht diese immaterielle Form der Autorität nicht genügend erklärt, er bezeichnet sie als „skizzenhaft" (ebd.). „Das Erklärungsbedürftige an der Geltung moralischer Regeln ist gerade der Umstand, daß sie eine verpflichtende Kraft besitzen" (ebd.).

Und dass, obwohl die moralischen Gesetze der Natur des Menschen und seinen Interessen potentiell entgegenstehen, eine Grenze, die von der Moral überwunden werden muss, was dadurch erschwert wird, dass ein zunächst nur unpersönliches Verhältnis zwischen Moral und Individuum besteht. Das moralisch Gute „könnte nicht als *Ideal* wirksam werden und *enthusiastischen Eifer* wecken, wenn es nicht die Befriedigung realer Bedürfnisse in Aussicht stellte" (ebd., 78). Zweckmäßigkeit und Zwang sind also vereint. Im nächsten Schritt wird diesen beiden Aspekten auch noch der des Sakralen hinzugefügt, dem es gelingt, im Individuum eine hingebungsvolle Haltung hervorzubringen, die von Selbstentäußerung in dem Sinne geprägt ist, indem das Individuum seine egoistischen und persönlichen Ziele hinter die Verehrung der Heiligkeit stellt. Der Gläubige „verschmilzt mit der unpersönlichen, über alles bloß individuelle hinausgreifenden Macht des Sakralen." (ebd., 79) Durch die Wirkung des Sakralen ist also die emotionale Ebene im Menschen angesprochen. „Er (Durkheim, A.W.) stellt die These auf, daß die moralischen Regeln ihre bindende Kraft letztlich aus der Sphäre des Heiligen beziehen." (ebd., 79f)

Das Merkmal des Zwangs ist besonders deutlich an Institutionen auszumachen, daher „kann man, ohne den Sinn dieses Ausdrucks zu entstellen, alle Glaubensvorstellungen und durch die Gesellschaft festgesetzten Verhaltensweisen Institutionen nennen; die Soziologie kann also definiert werden als die Wissenschaft von den Institutionen, deren Entstehung und Wirkungsart". (Durkheim, 1976, 100) In der Anmerkung gesteht er den Individuen dann doch einen gewissen Gestaltungsspielraum zu, der jedoch eng auf kleine Modifikationen begrenzt ist und nicht die grundsätzliche Struktur betrifft.

Das Kollektivbewusstsein (s.o.: Adorno) ist nicht mit der Summe oder dem Durchschnitt der individuellen Bewusstseine gleichzusetzen. Durkheim verleiht der Gesellschaft ein Eigenleben. „Hier konstruiert Durkheim tatsächlich einen Fetisch ‚Gesellschaft' – und zwar in guter alter Tradition ganz nach seinem eigenen Ebenbild, nur absolut vollkommen: ein selbständiges Wesen mit eigenem Bewußtsein und eigenem Wollen, das eine außerhalb der Individuen liegende Eigenexistenz besitzt und ihnen seinen Willen aufzwingt." (Hauck, 1991, 466) Durkheim geht aber noch einen Schritt weiter: er verlässt die beschreibende Ebene und legitimiert die Übermacht der Gesellschaft, indem er die anthropologische Konstitution des Menschen, die Unersättlichkeit als Konstante heranzieht. Dieser Legitimation wohnt natürlich dann auch eine Naturalisierung der bestehenden Strukturen inne.

Die Form der Gesellschaft und die Inhalte der Normen stehen nicht zur Diskussion, sie sind scheint's dadurch legitimiert, dass es sie gibt. Ein weiterer Beweis für die Übermächtigkeit des Wesens Gesellschaft sieht Durkheim darin, dass sie das Menschenleben in Dauer und Raum übertrifft: „Da sie (die Gesellschaft, A.W.) nun das Individuum in der Zeit und im Raum grenzenlos überschreitet, muß sie auch begreiflicherweise imstande sein, ihm die Arten des Handelns und Denkens aufzuerlegen, die sie mit ihrer Autorität sanktioniert hat." (Durkheim, 1976, 186)

Der von Institutionen ausgeübte Zwang und ihr Widerstand gegen Veränderungen, den Durkheim als Beweis für die moralische Übermacht anführt, kann höchstens beweisen, dass Institutionen zum Selbsterhalt neigen und nur um einen gewissen Preis zu verändern sind. Der Zwang beweist jedoch nicht, dass die Individuen sich tatsächlich der Moral bedingungslos anpassen müssen; hier wird wieder einmal deutlich, dass es an dialektischer Sichtweise mangelt. Der Druck der einen Seite (in diesem Fall der Druck, den die Gesellschaft auf das Individuum ausübt) muss nicht bedeuten, dass die andere Seite einverleibt wird und sich gleichermaßen widerstandslos einverleiben lässt. Die Widersprüche können bestehen bleiben und später potentiell den Anlass bieten, die Verhältnisse zu verändern.

Begriffe wie Macht, Herrschaft und Interessen spielen nur insofern eine Rolle, als dass sie als Konglomerat in Form dieses geheimnisvollen Wesens Gesellschaft personifiziert sind, ohne jedoch hinterfragt zu werden.

Der Versuch, die wissenschaftliche Herangehensweise der Naturwissenschaften auf die Soziologie zu übertragen, scheitert an einer Variablen, die von den Positivisten vollkommen ignoriert wird. Das Verhalten eines Menschen unterscheidet sich von dem z.B. eines Neutrons vor allem in einem Punkt: „Der Sinn, den die Menschen ihrem Handeln beizulegen pflegen und der mit den in den Naturwissenschaften gebräuchlichen Methoden nicht beobachtbar erscheint, ist den Positivisten keiner Untersuchung wert. Damit schließen sie aber nicht nur einen der entscheidenden Bestimmungs- und Veränderungsfaktoren des menschlichen Handelns aus der Betrachtung aus, sondern auch und gerade das, was das spezifisch Menschliche an diesem Handeln ausmacht." (Hauck, 1991, 470) Damit reduzieren sich dann die Deutungsmodelle drastisch. Zum einen lässt sich die triebhafte, zu zügelnde Natur des Menschen anführen zum anderen aber die Übermächtigkeit eines außerindividuellen Wesens Gesellschaft; in beiden Fällen wäre dann bewiesen, dass die Veränderung der Strukturen ein unnötiges, sinnloses Unterfangen ist. Damit werden dann die in diesem Fall bürgerlichen Verhältnisse naturalisiert und (im schlimmsten Fall) auch auf Gesellschaften projiziert, die einer ganz unterschiedlichen Kultur entstammen. Wenn das geschieht, wird die bürgerliche Gesellschaft unkritisch als letztlich globales Naturgesetz legitimiert.

Wenn man an Durkheims eingangs erläuterten Begriff der auf absoluter Chancengleichheit basierenden organischen Solidarität zurückdenkt, scheint eine gewisse Wandlung stattgefunden zu haben; zu Beginn liegt die Betonung seiner Ausführungen noch auf der liberalen Sichtweise, die sich später ins Autoritäre wendet. Hauck (1984, 107) hat dafür eine Erklärung: „Ich bin mit INGE HOFFMANN (1974) der Meinung, daß dieser generelle Umschwung in DURKHEIMS Denken nur auf dem Hintergrund des Übergangs vom Kapitalismus der freien Konkurrenz zum Monopolkapitalismus respektive Imperialismus verstanden werden kann. [...] Später mußte er jedoch zur Kenntnis nehmen, daß die dort (in der Arbeitsteilung, A.W.) identifizierten Bedingungen für die Entwicklung der organischen Solidarität mit der Etablierung des Monopolkapitalismus unwiderruflich beseitigt waren." In seiner Konstruktion der Übermacht der Gesellschaft und dem sich den (gleichgültig welchen und wie gearteten) Bedingungen fügenden Individuum, spiegelt sich das Verhältnis zwischen dem scheinbar diese Bedingungen diktierenden Monopolisten[5] und dem Rest der Gesellschaft wieder.

Gesellschaftliche Ambivalenz und organische Solidarität

Insgesamt ist bei der Lektüre seiner Schriften auffällig, dass Durkheim sich einer Sprache mit stark rechtfertigendem Charakter bedient, so zum Beispiel in seinen Ausführungen zur Notwendigkeit der Grenzensetzung: „In Wirklichkeit ist es eine Täuschung des gesunden Menschenverstandes, und wenn man nur ein wenig nachdenkt, kann man sich leicht überzeugen, daß im Gegenteil die vollkommene Allmacht ein anderer Name für eine vollkommene Ohnmacht ist." (Durkheim, 1984, 97) Der Versuch solcher fast schon intellektuellen Einschüchterung zeigt vielleicht, dass er neben dem Interesse an der Sache ein wenn nicht ebenso starkes Interesse daran zu haben scheint, sich und seine Begriffe und hergestellte Zusammenhänge im Voraus gegen Kritik zu immunisieren.

---

[5] Auch der Monopolist fügt sich letztlich als „Charaktermaske" (Marx, siehe Kapitel I) den Notwendigkeiten und Bedingungen, womit sich wiederum die Frage nach der autoritären Instanz stellt, die die Ver-

Zu diesem Zweck zieht er sich häufig auf die Ebene von Volksweisheiten und Alltagswissen zurück. Ein Beispiel: „Jeder weiß, daß wir den lieben, der uns ähnlich ist, der so denkt und fühlt wie wir." (Durkheim, 1999, 101) Solche Beispiele sind häufiger zu finden. Eigentlich handelt es sich hierbei um eine Methode, die er selbst in seinen „Regeln der soziologischen Methode" als unwissenschaftlich verurteilt hat.

Erst die Erkenntnis, dass die Dinge ihre eigene für das Individuum unüberwindliche Natur haben, so äußert sich Durkheim, hat die wirkliche Herrschaft des Menschen über die Dinge gebracht. Die teils noch vorhandene Einbildung der Allmächtigkeit des Menschen über das Ding nennt er ein Vorurteil: „Nichts ist also dringender, als unsere Wissenschaft von diesem Vorurteil endgültig zu befreien, und das ist der vornehmste Zweck unserer Bemühungen." (Durkheim, 1976, 101) Seine vornehmste Aufgabe sieht er also darin, wäre in ausholender Kritik einzuwenden, die Allmacht vorhandener gesellschaftlicher Strukturen zu verkünden. So muss er auch (wie Gumplowicz und Sumner) nach der Interpretation von Kiss (1975, 52) „den Klassenbegriff für eine unzulässige Abstraktion (halten), weil durch ihn weder das faktische Handeln noch die konkret beobachtbare Solidarität zwischen Ungleichen, noch der Einfluß normativer Einstellungen auf die Durchsetzungsweise ‚rein' ökonomischer Interessen erklärbar bleibt." Schließlich beweise die Geschichte, „daß eine wertmäßige Integration einen viel größeren und konkreteren Einfluß auf Handlungsorientierungen und Verhaltensweisen ausübe, als mögliche Solidarisierungsbemühungen aufgrund ökonomischer Interessen." Habermas, der unter „Rekurs auf Mead und Durkheim, d.h. unter Rückgriff auf einen umfassenden Begriff kommunikativer Rationalität und einer evolutionstheoretisch verstandenen Entwicklung der Gesellschaft unter der Voraussetzung von Sozial- und Systemintegration" sich gegen „vornehmlich am Begriff eines selbstbezüglichen Subjekts" orientierte „kritische und affirmative gesellschaftstheoretische Ansätze" wendet (Kerber, 1991, 564), hebt denn entsprechend auch hervor: „Durkheim hat

---

hältnisse schafft bzw. am Leben erhält.

sich zeit seines Lebens um die Aufklärung der normativen Geltung von Werten und Institutionen bemüht, aber erst in seinem Spätwerk [...] gelingt es ihm, die sakralen Wurzeln der moralischen Autorität gesellschaftlicher Normen freizulegen." (Habermas, 1999, 75)

Abschließend und zusammenfassend sei auf die von Adorno prononcierte - wenngleich gegen Durkheims eigenen Strich - „Lehre vom Kollektivbewußtsein" (s.o.) verwiesen, wie und ob Durkheim schon die ‚Ambivalenz der Moderne' thematisiert und in welchem Zusammenhang dazu sein Begriff von der „organischen Solidarität" zu sehen ist. Wie gezeigt lässt Durkheim schon im Hinblick auf die ‚segmentär' differenzierten ‚einfachen' Gesellschaften nicht nur die Vorteile für den gesellschaftlichen Reproduktionsprozess insgesamt erkennen, sondern auch die Nachteile aus hoher gesellschaftlicher Arbeitsteilung - nämlich ein „Verlust an Autarkie der Teile des gesellschaftlichen Ganzen", und somit können moderne Gesellschaften „den Verlust irgendeines ihrer spezialisierten Teile ebensowenig verkraften wie der menschliche Körper den Ausfall eines seiner Organe." (Schimank, 2000, 34) Spezialisierung ist demnach Zugewinn und Risiko gleichermaßen. Durkheim ist also zu testieren, dass er differenzierungstheoretisch jene in der weiteren Theoriebildung bedeutsame ‚Ambivalenz der Moderne' festgehalten hat - ohne sie allerdings aus der Widerspruchsstruktur von Gesellschaft zu erklären. Dabei muss ihn gerade auf dem Hintergrund solcher ambivalent segensreichen Spezialisierung die Frage beschäftigen, wie die Integration des gesellschaftlichen Ganzen zustande kommt. „Mechanische Solidarität" vermag dies nicht zu leisten, da sie mit zunehmender ‚Unähnlichkeit' der Gesellschaftsmitglieder und Pluralisierung von Deutungsmustern, Normen und Interessen infolge von Rollendifferenzierungen erodiert. Das die Gesellschaftsmitglieder im Rahmen ‚segmentärer' Differenzierung einbindende „Kollektivbewußtsein" geht verloren und muss eben für den Zweck der Integration durch andere ‚Solidarität' restituiert werden. Wie entwickelt behauptet Durkheim, „daß die gesellschaftliche Arbeitsteilung ihre Integration aus sich selbst heraus zu schaffen vermag - und daß dies zwar kein zwangsläufig sich einstellendes, wohl aber das einzig mögliche Integrationsprinzip ist. Konsequenterweise nennt er es die ,organische Solidarität'". (ebd., 35) Wenngleich Durkheim nach der Kritik von Schimank (vgl. ebd., 39) keine befriedigende Klärung der Grundlagen „organischer Solidarität" gelingt, wird zumindest deutlich, dass derjenige, der (ob der sich fortsetzenden Spezialisierung) auf die Leistungen anderer angewiesen ist, in gewisser Weise (weil trotz Spezialisierung jeder auswechselbar ist) an deren Wohl interessiert sein muß: „In einer solchen nicht altruistischen, sondern durch einen rationalen Egoismus nahegelegten wechselseitigen Rücksichtnahme auf die Interessen der Gegenüber ist das zentrale Integrationsmuster moderner Gesellschaften aufzuspüren." (ebd., 36) Trotz der scheinbaren ,Allmacht gesellschaftlicher Stukturen' kommt so der Mensch als Gesellschaftsmitglied bei Durkheim noch vor, der - so oder so (denn auch das staatliche Gewaltmonopol dürfte ein unerlässlicher Integrationsmechanismus sein [vgl. ebd., 37]) - die Ambivalenz der Moderne zu richten hat.

Georg Simmel (1858 - 1918): Das Geld und die neue Fremdheit

Georg Simmel, der versucht hat, die Soziologie als Disziplin zu legitimieren, sah diesen Zweig der Wissenschaft sowohl als Methode der Geschichtswissenschaft als auch anderer Geisteswissenschaften, die sich mit dem Mensch als sozialem Wesen auseinandersetzen. Comte z.b. sah die Soziologie als ‚Universalwissenschaft‘, während Simmel die Auffassung vertrat, dass kein neues Wissensgebiet entstanden war, sondern lediglich ein neuer Blick auf bestehende Wissensbestände und Forschungsergebnisse aus verschiedenen Wissenschaftsbereichen, auf die der neue Wissenschaftszweig zurückgreift (vgl. auch Korte, 1992, 87ff).

„Die Soziologie also, in ihrem Verhältnis zu den bestehenden Wissenschaften, ist eine neue *Methode*, ein Hilfsmittel der Forschung, um den Erscheinungen aller jener Gebiete auf einem neuen Wege beizukommen." (Simmel, 1992,15)

Wenn er also die Soziologie als eigenständige Wissenschaft betrachtete, so legte er gleichzeitig Wert darauf, dass sie in andere Wissenschaften eingebunden blieb, da die Wissens- und Forschungsgebiete der Soziologie nicht klar von denen anderer Wissenschaften abgrenzbar war: „Nicht ihr Objekt, sondern ihre Betrachtungsweise, die besondre, von ihr vollzogene Abstraktion differenziert sie von den übrigen historisch-sozialen Wissenschaften." (ebd., 23)

Ausgangspunkt seines soziologischen Denkens ist für Simmel der Begriff der ‚Wechselwirkung‘, in dem sein dialektischer Ansatz zum Ausdruck kommt, dessen (Wieder-)Entdeckung zu einer neuen Betrachtungsweise führte. Die eindimensionalen Erklärungsansätze, z.B. religiöse oder strikt naturwissenschaftliche, haben keinen universalen Geltungsanspruch mehr. „Vielmehr glauben wir jetzt die historischen Erscheinungen aus dem Wechselwirken und dem Zusammenwirken der Einzelnen zu verstehen, aus der Summierung und Sublimierung unzähliger Einzelbeiträge, aus der Verkörperung der sozialen Energien in Gebilden, die jenseits des Individuums stehen und sich entwickeln." (ebd., 15)

Simmel sieht Gesellschaft also als das Resultat von Wechselwirkungen zwischen Individuen, Gruppen und sozialen Gebilden, wobei er schon eine zufällige Wechselwirkung zwischen zwei Individuen als ‚Gesellschaft‘ bezeichnet; ohne die Wechselwirkung wären Handlungen Einzelner nur räumlich nebeneinander und zeitlich nacheinander erfolgende zufällige Aktionen und könnten nicht als Gesellschaft bezeichnet werden.

Dabei gilt das Augenmerk den Objektivierungen, die möglich werden, wenn die Summe der Interaktionen ein einheitliches Gebilde mit einer gewissen Unabhängigkeit vom Einzelnen entstehen lässt. „In jeder vorliegenden sozialen Erscheinung bilden Inhalt und gesellschaftliche Form eine einheitliche Realität [...]. Dies vielmehr sind die in der Wirklichkeit untrennbaren Elemente jedes sozialen Seins und Geschehens: ein Interesse, Zweck, Motiv und eine Form oder Art der Wechselwirkung unter den Individuen, durch die oder in deren Gestalt jener Inhalt gesellschaftliche Wirklichkeit erlangt." (ebd., 19)

Der Begriff der Gesellschaft wird von Simmel durch den der ‚Vergesellschaftung‘ ersetzt, um die Statik, die dem Begriff Gesellschaft anhängt, durch Prozesshaftigkeit, Dynamik und Wandelbarkeit zu ersetzen, die für ihn Vergesellschaftung ausmachen. Dabei spricht er von ‚Formen der Vergesellschaftung‘, worunter ebenso eine kleinere Gruppe, z.B. die Familie, wie auch gesellschaftliche Strukturen, z.B. Herrschaftsgefüge, gefasst sind.

Hier erinnert Simmel an die Marxsche Auffassung vom Zusammenhang zwischen gesellschaftlichem Sein und Bewusstsein: auch Simmel stellt einen Zusammenhang zwischen Form und Inhalt, so seine Begriffe, her; sie bilden in ihrer Wechselwirkung eine einheitliche Realität: „Denn alles andre, was sich sonst noch innerhalb der ‚Gesellschaft‘ findet, durch sie und in ihrem Rahmen realisiert wird, ist nicht Gesellschaft selbst, sondern nur ein Inhalt, der sich diese Form oder den sich diese Form der Koexistenz anbildet und der freilich erst mit ihr zusammen das reale Gebilde, das ‚Gesellschaft‘ im weiteren und üblichen Sinne heißt, zustande bringt." (ebd.,19f)

Als ‚Inhalt' bezeichnet er dabei z.B. die Art, Motive, Interessen und den Zweck verschiedener, einzelner Interaktionen, die „Materie der Vergesellschaftung" (ebd., 18), die zusammengenommen ein bestimmtes Miteinander gestalten. Dieses Miteinander, die Wechselwirkung der isolierten Individuen, bilden im Zusammenhang die ‚Form'.

So spricht Kiss (1975, 93) in Bezug auf die Arbeiten von Simmel (und von v. Wiese) von einer „beziehungssoziologischen Analyse", d.h. er will „das Phänomen der sozialen Integration trotz divergierender Interessen der Einzelnen und Gruppen, bzw. die Tatsache der Konsistenz sozialer Systeme trotz sozialer Ungleichheit erklären", wobei die Lösung des Problems darin liege, „daß die tatsächlichen Prozesse der Integration (d.h. ‚des Bindens') und Differenzierung (d.h. der ‚Lösung') primär durch die Verwirklichungsweise der an sich gleichen Zwecke und Inhalte bedingt sind."

Diese Betrachtungsweise durchzieht seine Einzelanalysen sozialer Phänomene; so heißt es beispielsweise in „Zur Psychologie der Mode. Soziologische Studie" von 1895: „Sobald daher letztere (die „Tieferstehenden" gegenüber den „oberen Ständen", A.W.) sich die Mode anzueignen beginnen - weil sie eben immer nach oben sehen und streben und das noch am ehesten auf den der Mode unterworfenen Gebieten können - so wenden sich die oberen Stände von dieser Mode ab und einer neuen zu, durch die sie sich wieder von den breiten Massen differenzieren. Dieses Abscheidungsmoment, das neben dem Nachahmungsmoment das Wesen der Mode bildet, zeigt sich beim Mangel übereinander gelagerter Schichten sogar an nebeneinander geordneten." (Simmel, 1992a, 133)

Vergleichbar hatte Simmels Zeitgenosse Veblen (vgl. 1997, 15f) im Hinblick auf Kompensation für geringe Selbsteinschätzung durch Erlangung äußeren Prestiges argumentiert. Als Antrieb sah er den „neidvollen Vergleich" (ebd., 34), wobei allerdings das „verpflichtende Beispiel der wohlhabenden Klassen [...] auf diese Weise den Widerstand aller anderen gegen jede Erneuerung (versteift) und [...] deren Gefühle und Affekte fest an die guten alten Institutionen (bindet)." (ebd., 195)

Mit seinem analytischen Zugang habe Simmel, so Rammstedt (2001, 451) „die Soziologie aus der Fixierung auf Individuum und Gesellschaft als ontisches Objekt gelöst [...] - ein point of no return", was in seinen sozialhistorisch unterlegten Analysen um „neue Fremdheit" und auch um die „Kreuzung sozialer Kreise" besonders deutlich wird.

Veränderung von Sinnstrukturen

In „Philosophie des Geldes" (1900) geht er auf die Veränderung objektiver Sinnstrukturen infolge der Arbeitsteilung ein und prägt in diesem Zusammenhang den Begriff „Neue Fremdheit" (Simmel, 1989, 664). Diese neue Fremdheit führt Simmel auf die Zunahme der Arbeitsteilung durch die Geldwirtschaft zurück, durch die zwar quantitativ die zwischenmenschlichen Kontakte zunehmen, ebenso die Abhängigkeit der Einzelnen voneinander, aber gleichzeitig die Intensität und Intimität von Beziehungen abnimmt, da die Individuen sich im Prozess der Befriedigung ihrer Bedürfnisse überwiegend als Träger von Rollen und Funktionen gegenübertreten, eine Erscheinung, die bei Marx unter dem Begriff der Charaktermaske gefasst ist.

Die Arbeitsteilung hat zur Folge, dass der Aspekt der „Entäußerung" (Marx), also die Vergegenständlichung der Individualität im Arbeitsprodukt, dem Arbeitsvorgang verloren geht und als ‚entfremdete Arbeit' lediglich als kleiner anonymer Schritt im gesamten Herstellungsprozess eines fremden Gutes verbleibt.

„Umgekehrt, wo jene (die Arbeitsteilung, A. W.) herrscht, bewirkt sie eine Inkommensurabilität der Leistung mit dem Leistenden, dieser erblickt sich nicht mehr in seinem Tun, das eine allem Persönlich-Seelischen so unähnliche Form darbietet und nur als eine ganz einseitig ausgebildete Partialität unseres Lebens erscheint, gleichgültig gegen die einheitliche Ganzheit desselben. Die stark arbeitsteilige, mit dem Bewußtsein dieses Charakters vollbrachte Leistung drängt also schon von sich aus in die Kategorie der Objektivität, die Betrachtung und Wirkung ihrer als einer rein sachlichen und anonymen wird für den Arbeitenden selbst immer plausibler, der sich nicht mehr in die Wurzel seines Gesamtlebenssystems hinabreichen fühlt." (Simmel, 1989, 630)

Aus der Spezialisierung der Produktion ergibt sich dann die Ausweitung des Konsums, der an die Stelle einer befriedigenden und ausfüllenden Entäußerung tritt. Diese banale Form des Konsums hängt allerdings davon ab, dass Produkte produziert werden, die aufgrund ihrer Sachlichkeit und Anonymität für das breite Publikum geschaffen sind. Simmel spricht hier von der „*objektiven* Kultur" (ebd., 631), einerseits die mangelnde Differenziertheit der Nachfrage und andererseits die darauf abgestimmte Einheitlichkeit der massenhaft hergestellten Produkte meinend.
Ähnlich wie Marx führt Simmel diese Entwicklung der allgemeinen Objektivität (des Arbeitsvorganges, der Arbeitsprodukte, der Arbeitsmittel...) auf die Trennung des Arbeiters von seinem Arbeitsmittel zurück. „Indem die Arbeit selbst und ihr unmittelbarer Gegenstand *verschiedenen* Personen zugehören, muß sich für das Bewußtsein des Arbeiters der objektive Charakter dieser Gegenstände außerordentlich scharf betonen, um so schärfer, als die Arbeit und ihre Materie doch andererseits wieder eine Einheit sind und so gerade ihr nahes Aneinander ihre jetzigen Gegenrichtungen am fühlbarsten machen muß." (ebd., 631)
Auch hier wird man wieder an die Marxsche Analyse erinnert, seine Begrifflichkeiten wie z.B. die der Ware, des Wertes, der Entfremdung und der Verdinglichung sind es, mit denen sich die Simmelschen Analysen hier übersetzen lassen.

Ambivalenz von Freiheit und Fremdheit
Seinen Begriff der „neuen Fremdheit" entwickelt Simmel aus dem von ihm dargelegten allgemeinen Objektivierungsprozess, der auf das Verhältnis zwischen Produzenten und Konsumenten abzielt: der Zusammenhang innerhalb des Produktionsverhältnisses dergestalt, dass ein individueller Produzent für einen individuellen Konsumenten ein bestimmtes von dem Konsumenten benötigtes Gut herstellt, ist zwar theoretisch noch vorhan-

den, jedoch einerseits durch die Arbeitsteilung stark verzerrt und andererseits in der Praxis nicht mehr umgesetzt.

Wo zu Zeiten des Handwerks ein persönlicher Kontakt zwischen Produzent und Konsument über das Arbeitsprodukt hergestellt war, sind im kapitalistischen Produktionsprozess nicht nur zahlreiche anonyme Arbeiter am Werk; es treten jetzt weitere Zwischeninstanzen wie Händler, Einzelteillieferanten oder Verkäufer auf dem Weg von der Produktion zum Verkauf in die Interaktion zwischen Produzent und Konsument ein, die ebenso wie die Arbeiter keine Beziehung zum Produkt haben. „Indem die Arbeitsteilung die Kundenproduktion zerstört - schon weil der Abnehmer sich wohl mit einem Produzenten, aber nicht mit einem Dutzend Teilarbeiter in Verbindung setzen kann - verschwindet die subjektive Färbung des Produkts auch nach der Seite des Konsumenten hin, denn es entsteht nun unabhängig von ihm, die Ware ist nun eine objektive Gegebenheit, an die er von außen herantritt und die ihr Dasein und Sosein ihm gleichsam als etwas Autonomes gegenüberstellt. [...] Es liegt auf der Hand, wie sehr der Gesamtcharakter des Verkehrs damit objektiviert ist, wie die Subjektivität sich brechen, in kühle Reserviertheit und anonyme Objektivität übergehen muss, wenn zwischen den Produzenten und den, der sein Produkt aufnimmt, sich so und so viele Zwischeninstanzen schieben, die den einen ganz aus dem Blickkreis des anderen rücken." (Simmel, 1989, 634)

Nun kann man postmodern auf Chancen der Diversifikation verweisen, die sich aus dieser Freisetzung ergeben, Simmel spricht von der sich vertiefenden „individuellen Freiheit" (ebd., 392), jedoch geht mit der neuen Diversifikation gleichzeitig auch eine Zunahme der Abhängigkeiten von Technik, von Personen, die die komplizierte Technik zu bedienen verstehen und den Produktionszusammenhängen einher, die sich allerdings auf die objektivierten Lebensbedingungen beschränken. Die Individuen haben zwar als Träger von Fähigkeiten, Funktionen, Positionen, Kapital oder Macht Bedeutung, während ihre Persönlichkeit hinter dieser Funktion zunehmend verschwindet.

Deutlich macht Simmel an der die „Kundenproduktion" zerstörenden Arbeitsteilung aber auch, dass diese „neue Fremdheit" nicht nur Anonymität und Distanz anzeigt, sondern eben auch den Spielraum „individueller Freiheit" erweitern kann: „Von je mehr sachlichen Bedingungen vermöge der komplizierteren Technik das Tun und Sein der Menschen abhängig wird, von desto mehr Personen muß es notwendig abhängig werden." Der „geldwirtschaftliche Mensch" der bürgerlich kapitalistischen Gesellschaft sei von unvergleichlich mehr Menschen abhängig - und dadurch ‚frei' (ebd., 392ff).

Die Individualität verliert in diesem Prozess an Bedeutung, die Abhängigkeit ist von neuer Qualität und besteht nur in Bezug auf die objektivierte auswechselbare Person und nicht in Bezug auf ein bestimmtes bekanntes Individuum. Simmel formuliert diesen neuen Widerspruch wie folgt: „Dies Indienstnehmen der höchsten Kulturproduzenten seitens der niedrigststehenden Konsumenten bedeutet eben, daß kein Verhältnis zwischen ihnen besteht, sondern daß ein Objekt zwischen sie geschoben ist, an dessen einer Seite gleichsam die Einen arbeiten, während die Anderen von der anderen Seite her es konsumieren, und das beide trennt, indem es sie verbindet." (ebd., 635) Die Ambivalenz (hier) von wachsender Freiheit und zunehmender Abhängigkeit findet sich wiederholt in Simmels Analyse: „Es waren diese bestimmten, persönlich bekannten, gleichsam unauswechselbaren Menschen, mit denen der altgermanische Bauer [...] ja vielfach der mittelalterliche Mensch in wirtschaftlichen Abhängigkeitsverhältnissen stand [...]. Von wie vielen ‚Lieferanten' allein ist dagegen der geldwirtschaftliche Mensch abhängig! Aber von dem einzelnen, bestimmten derselben ist er unvergleichlich unabhängiger und wechselt leicht und beliebig oft mit ihm." (ebd., 396) Simmel zeigt hier die Veränderung objektiver Sinnstrukturen und die Richtung ihrer subjektiven Bedeutsamkeit auf. Ähnliche Entwicklungen analysiert Simmel auch in Bezug auf die Familie: Während z.B. in handwerklichen Familienbetrieben innerhalb der Familie durch das ihnen gemeinsame zentrale Interesse zwangsläufig eine Solidarität, ein sinnhafter bestimmter Zusammenhang vorhanden war, kann in der industriellen Geldwirtschaft ein jedes Familienmitglied seine Ware Arbeitskraft je nach Fähigkeiten, Neigungen und Zwängen bei verschiedenen Arbeitgebern feilbieten, die ganz unterschiedlichen Produktionszweigen angehören. So agieren die Familienmitglieder in je unterschiedlichen sozialen und professionellen Zusammenhängen, zwischen denen es kaum Verbindungen gibt.

Hinzu kommt eine spezifische Eigenschaft des Geldverkehrs, der weiter Distanz zwischen Menschen schafft: „Über das Familienleben hinaus ruhen gewisse weitere Formen des modernen Daseins gerade auf der Distanzierung durch den Geldverkehr. Denn er legt eine Barriere zwischen die Personen, indem immer nur der eine von zwei Kontrahenten das bekommt, was er *eigentlich* will, was seine spezifischen Empfindungen auslöst, während der andere, der zunächst nur Geld bekommen hat, eben jenes erst bei einem Dritten suchen muss. Daß jeder von beiden mit einer ganz anderen *Art* von Interesse an die Transaktion herangeht, fügt dem Antagonismus, den schon die Entgegengesetztheit der Interessen von vornherein bewirkt, eine neue Fremdheit hinzu." (ebd., 664) Zu dieser Distanz kommt also nicht nur eine Pluralisierung der ‚sozialen' Begegnungen, sondern auch noch das Wissen darum dazu, dass eben ein jeder mit seinen ganz eigenen Interessen agiert und insofern um die Einlösung der eigenen Ziele, die zumindest potentiell im Gegensatz zu denen des Interaktionspartners stehen, gebangt werden muss.

Was Marx unter Entfremdung und Verdinglichung diskutiert hat, wird auch von Simmel angeführt: Je weiter fortgeschritten die Arbeitsteilung und Geldwirtschaft mit ihren Folgen ist, „desto durchgehender erscheint sein Tun als bloßes Vorstadium, desto weiter scheint die Quelle seiner Wirksamkeiten von deren Mündung, dem Sinn und Zweck der Arbeit, abgerückt. Und nun unmittelbar: wie sich das Geld zwischen Mensch und Mensch schiebt, so zwischen Mensch und Ware." (ebd., 665)

Simmel spricht von der sachlichen Bedeutung der Dinge, die zugunsten des Tauschmittels in den Hintergrund rückt. Auch hier kann man die Parallele zu Marx und seiner Analyse von Tausch- und Gebrauchswert aufzeigen. Diese sachliche Bedeutung der Dinge weitet sich auch auf das

Verhältnis des Menschen zur Natur aus, nicht zuletzt dadurch, dass sich der arbeitsteilig tätige Mensch von der eigentlichen Natur der Arbeit und damit von sich selbst als natürliches Wesen entfernt, aber auch dadurch, dass die Arbeitsteilung die Verstädterung vorantreibt.

Hier deutet sich wie auch an anderen Stellen an, dass Simmel der neuen Fremdheit auch neue Chancen unterstellt. Er schreibt, dass erst durch die Distanzierung von der Natur ihre romantische Verklärung möglich wird. Solange noch unmittelbar in und mit der Natur gelebt und gearbeitet wird, so seine These, ist die ästhetische Betrachtung aufgrund mangelnden Abstands nicht in der Weise möglich: „Wenn der moderne Mensch seine höchsten Naturgenüsse in den Schneeregionen der Alpen und an der Nordsee zu finden pflegt, so ist das wohl nicht allein durch das gesteigerte Aufregungsbedürfnis zu erklären; sondern auch so, daß diese unzugängige, uns eigentlich zurückstoßende Welt die äußerste Steigerung und Stilisierung dessen darstellt, was uns Natur überhaupt noch ist: ein seelisches Fernbild, das selbst in den Augenblicken körperlicher Nähe wie ein innerlich Unerreichbares, ein nie ganz eingelöstes Versprechen vor uns steht und selbst unsere leidenschaftlichste Hingabe mit einer leisen Abwehr und Fremdheit erwidert." (ebd., 666)

Simmel gelingt, anders als z.b. Max Weber, eine Analyse, die nicht die Voraussetzung bestimmter Zusammenhänge, Kategorien oder Thesen abnötigt, um ein System als in sich schlüssig zu begreifen. Damit gelingt ein komplexer Blick auf Gesellschaft, der a priori empirisch erwiesene Gültigkeiten, die immer schon in bestimmten gesellschaftlichen Strukturen und Denkmustern verankert sind, unnötig macht. So entstehen keine Kausalketten, wie das z.B. bei Max Weber der Fall ist, die es gilt, zwanghaft empirisch zu beweisen.

„Bei SIMMEL wird deutlich, was reine Theorie bedeutet, die sich weder empirisch noch als ein logisch notwendiges System begründen kann. Sie ist eine Sprache, deren konkrete Bedeutung und innerer Zusammenhang allein in der Anwendung auf einen bestimmten Fall begründet werden." (Jonas, 1976, Bd., 2171f)

Das Studium Simmels bietet eine der Marxschen Analyse verwandte und sie ergänzende Sichtweise. Ähnlich wie Marx geht er von der Analyse des Wandels im Arbeits- und Wirtschaftsleben aus, die elementare Lebensbereiche des menschlichen Daseins und Miteinanders sind, und beobachtet, welche Folgen sich daraus für das Individuum in seinem Arbeits- und Lebensalltag ergeben.

Hier kann man Erklärungsansätze für z.b. auch zurückgehendes politisches Handlungsinteresse (Stichwort: Politikverdrossenheit) finden. Mit der Entwicklung und Zunahme der „Neuen Fremdheit", der allgemeinen Objektivierung der Lebensbedingungen, der um sich greifenden Entfremdung geht auch eine zunehmende Undurchschaubarkeit und Unübersichtlichkeit der Verhältnisse einher. Macht und Herrschaft und komplexe politische Strukturen unterliegen ebenso dem allgemeinen Ojektivierungsschub oder werden, in der Marxschen Terminologie: „verdinglicht". Die verselbständigten Verhältnisse überdecken reale Macht- und Herrschaftsstrukturen. In dem Maße, in dem Arbeits- und Marktzusammenhänge unübersichtlicher, widersprüchlicher und unpersönlicher werden, werden die gesamten Lebenszusammenhänge, eingeschlossen die politischen Strukturen, komplizierter.

Auf der Ebene seiner methodischen Überlegungen geht Simmel auch an diesem Punkt der Entstehung des modernen Individuums nach – und wirft damit auch implizit die Frage nach seiner sozialen Gestaltungsfähigkeit, letztlich seiner Geschichtsmächtigkeit auf.

In der Renaissanceepoche mit ihren bis heute nachwirkenden ökonomischen, politischen, sozialen und kulturellen Grundstrukturen tritt die ‚Person' als ‚Individuum' erstmals in Erscheinung. Damit ist das moderne „autonome Individuum als Ort der Vernunft" unterstellt, wobei aber auch „die Existenz einer relativen *Variationsbreite sozialer Einstellungen und sozialer Verhaltensformen*" (Müller-Doohm, 1987, 63 u. 69; Kursivierung im Original gesperrt, A.W.) festgehalten werden muss. Diesem Phänomen geht Simmel mit seinen differenzierungstheoretischen Überlegungen

(u.a.) in seiner „Kreuzung sozialer Kreise" nach: Zunehmende Rollendifferenzierung, identitätstheoretisches Thema bis heute (z.B. Krappmann,
Goffman, Dreitzel), nach Anzahl und Verschiedenartigkeit wachsend, wobei jede dieser Rollen zu einer bestimmten sozialen Gruppe gehört und
mit einem bestimmten ‚Status' ausgestattet ist (Thema älterer Rollentheo-
rie, so z.B. bei Linton, Merton). Simmel (1992, 466) legt den Fokus auf
die einzelne Person in ihrer „spezifischen Individualität": „Die Gruppen, zu
denen der Einzelne gehört, bilden gleichsam ein Koordinatensystem,
derart, daß jede neu hinzukommende ihn genauer und unzweideutiger
bestimmt. Die Zugehörigkeit zu je einer derselben läßt der Individualität
noch einen weiten Spielraum; aber je mehr es werden, desto unwahrscheinlicher ist es, daß noch andere Personen die gleiche Gruppenkombi-
nation aufweisen werden, daß diese vielen Kreise sich noch einmal in
einem Punkte schneiden." Eben jenes „Spezifische der Individualität" wird
„durch die *Kombination* der Kreise gewahrt, die in jedem Fall eine andre
sein kann. So kann man sagen: aus Individuen entsteht die Gesellschaft,
aus Gesellschaften entsteht das Individuum." (ebd., 485)
Damit ist aber auch schon ein Problem benannt, denn Simmel sieht
durchaus, dass der „moralischen Persönlichkeit [...] ganz neue Bestimmt-
heiten (erwachsen), aber auch ganz neue Aufgaben, wenn sie aus dem
festen Eingewachsensein in *einen* Kreis in den Schnittpunkt vieler Kreise
tritt. Die frühere Unzweideutigkeit und Sicherheit weicht zunächst einer
Schwankung der Lebenstendenzen; in diesem Sinne sagt ein altes engli-
sches Sprichwort: Wer zwei Sprachen spricht, ist ein Schurke. Daß durch
die Mehrheit der sozialen Zugehörigkeiten Konflikte äußerer und innerer
Art entstehen, die das Individuum mit seelischem Dualismus, ja Zerrei-
ßung bedrohen, ist kein Beweis gegen ihre festlegende, die personale
Einheit verstärkende Wirkung." (ebd., 467f) Wie in seiner Argumentation
um die „neue Fremdheit" fängt er auch hier die Ambivalenzstruktur ein,
zeigt aber auf, wie und dass gesellschaftlichen Differenzierungsprozes-
sen eine starke Zunahme unterschiedlicher Rollen und Rollenkombinatio-
nen folgt, deren wahrscheinliche Deckungsgleichheit zwischen zwei Menschen tendenziell sinken muss. Mit dem Sinken sozialer Vorgaben für die

Kombination bestimmter Rollen wachsen die Anforderungen an individuelle Kombinationsleistungen, worin sich, eben in der „Kreuzung sozialer
Kreise", Einzigartigkeit und Selbstbestimmung der Person entfalten kann.
Dem steht, wie es Schimank (2000, 50) in Aufnahme der Simmelschen
Argumentation ausweist, „aber auch das Schreckbild völliger Orientie-
rungslosigkeit und Sinnleere des Lebens" gegenüber, auch als Folge
misslingender Lösung der „Komplementaritätsprobleme des aufeinander
bezogenen Rollenhandelns verschiedener Akteure" (ebd., 51): jene „un-
ermeßliche Möglichkeit von individualisierenden Kombinationen [...], daß
der Einzelne einer Mannigfaltigkeit von Kreisen angehört, in denen das
Verhältnis von Konkurrenz und Zusammenschluß stark variiert" (Simmel,
1992, 479). Diese (gesellschaftliche) ‚Form' der Individualität der Person
ist „zugleich zwangsläufiges Resultat zunehmender Rollendifferenzierung
und funktionales Erfordernis zur Bewältigung der aus dieser hervorgehenden gesellschaftlichen Integrationsprobleme." (Schimank, 2000, 53)
Die eine Seite der Ambivalenz, wie Simmel sie analysierte, ist somit Ord-
nungsgarant in modernen, bürgerlich-kapitalistisch verfassten Gesellschaften.

Max Weber (1864-1920): Protestantische Ethik, der neue Berufsmensch
und das Gehäuse der Hörigkeit

Das Erkenntnisinteresse, das den Arbeiten von Max Weber zu Grunde
liegt, ist u.a. die Frage nach dem Zusammenhang zwischen Religionszugehörigkeit und wirtschaftlicher Entwicklung. Er beobachtete den Verlauf
der Geschichte und fand eine zunehmende Rationalisierung, die er u.a.
mit der Religionszugehörigkeit in Verbindung brachte. Zunächst unter-
suchte er die religiöse Gesinnung der frühen Kapitalisten in Europa.
Er fand einen Zusammenhang zwischen den Doktrinen des Calvinismus
und dem ‚Geist des Kapitalismus'. Die Unternehmer, so seine Ergebnisse, pflegten trotz ihres Reichtums in strenger Sparsamkeit zu leben. Im
Gegensatz zum Adel des späten Mittelalters, der Reichtum anhäufte, um
im Luxus zu leben und diesen anzuhäufen, akkumulieren die frühen Unternehmer, um weiterhin zu akkumulieren, sie streben nach Gewinn um
des Gewinnes willen, und nicht um konkrete Bedürfnisse zu befriedigen
oder Wünsche zu erfüllen. Nach der Analyse Marx' scheint diese Erkenntnis nicht mehr neu: bei Strafe des Untergangs, so Marx, sind die
Kapitalisten dazu gezwungen, Reinvestitionen zu tätigen, um konkurrenzfähig produzieren zu können. Demnach ist Sparsamkeit nur logisch
im Sinne dieses Systems, denn Geld, das in das Unternehmen zurück-
fließt, bedeutet größere Gewinne und somit die Erhöhung der Wahrscheinlichkeit des Fortbestandes des Unternehmens, zumal, wie Marx
unter dem Begriff des tendenziellen Fall der Profitrate (vgl. Marx, 1970,
221ff) abhandelt, die Gewinne nicht im gleichen Maße wie die Investitionen steigen.
Weber allerdings führt diese Sparsamkeit auf die religiösen Doktrinen des
Calvinismus zurück, nach dessen Lehre Gott schon zu Anbeginn der Welt
in für den Menschen nicht zugänglichen oder gar beeinflussbaren Entscheidungen einem Teil der Menschheit seine Gnade erwies und einem
anderen Teil nicht. So war vorherbestimmt, wer später den Stand der
Heiligkeit erreichen bzw. wer der ewigen Verdammnis anheimfallen wür-

de. Man fühlt sich hier an den Gedanken um Tüchtigkeit und Untüchtig-
keit erinnert, der bei der Produktion und dem Wirtschaftshandeln schon in
frühbürgerlichen Gesellschaftsvorstellungen eine Rolle spielte. So heißt
es bei dem englischen Skeptizisten John Locke (1974, 37), einem Denker
der Gesellschaftslehre des Liberalismus: „Wie die verschiedenen Grade
des Fleißes dem Menschen Eigentum von unterschiedlichem Ausmaß zu
geben vermochten, so gab die Erfindung des Geldes den Menschen die
Gelegenheit, den Besitz dauerhaft zu machen und ihn zu vergrößern."
War bis zur Einführung des Geldes die Akkumulation von Eigentum durch
Verderblichkeit der Waren begrenzt, so wird dann diese natürliche Grenze der Anhäufung von Eigentum aufgehoben. Die ‚natürliche' Ungleichheit zwischen den Tüchtigen und den Untüchtigen wird nun eine ökonomische und die Anhäufung von Reichtum kann realisiert werden. Eine
Zweiklassenbildung findet statt: die (Nachfahren der) Untüchtigen, denen
lediglich ihre Arbeitskraft als ‚Eigentum' bleibt, und die Grund- und Kapitalbesitzer, die dank des Fleißes (ihrer Vorfahren) die Faulen abhängig
beschäftigen können (vgl. Jonas, 1976, Bd. 1, 76ff). Hier schon ist die
Spaltung der Gesellschaft in antagonistische Klassen thematisiert – und
legitimiert. Anders bei Weber: Diese Ungewissheit und Irrelevanz der irdischen Handlungen des Menschen drängte ihn dazu, nach Zeichen der
Auserwähltheit zu suchen, die man glaubte, in dem Gelingen eines unta-
deligen Lebenswandels, der irdischen Askese gefunden zu haben. Diese
schloss ein, dass zugunsten ständiger Arbeit und ständigen Fleißes und
Strebens auf Muße und Genuss vollständig zu verzichten sei:
„Nicht Keuschheit, wie beim Mönch, aber Ausschaltung aller erotischen
‚Lust', nicht Armut, aber Ausschaltung alles renteziehenden Genießens
und der feudalen lebensfrohen Ostentation des Reichtums, nicht die as-
ketische Abtötung des Klosters, aber wache, rational beherrschte Lebensführung und Vermeidung aller Hingabe an die Schönheit der Welt
oder die Kunst oder an die eigenen Stimmungen und Gefühle sind die
Anforderungen, Disziplinierung und Methodik der Lebensführung das eindeutige Ziel, der ‚Berufsmensch', der typische Repräsentant, die rationale
Versachlichung und Vergesellschaftung der sozialen Beziehungen die

spezifische Folge der okzidentalen innerweltlichen Askese im Gegensatz zu aller anderen Religiosität der Welt" (Weber zit. n. Rolshausen, 1991, 482f).

Diese Askese bezog sich also nicht auf das untadelige innerweltliche Verhalten gegenüber den Mitmenschen, sondern allein auf den beruflichen finanziellen Erfolg, die für ihn „die notwendige Voraussetzung der Rationalisierung der Lebensführung und damit des okzidentalen Kapitalismus (bildet). Innerweltliche Askese, deren sichtbares Zeichen - wirtschaftlicher Erfolg - die mögliche Auserwähltheit schon auf Erden signalisieren kann, ohne freilich Gewißheit zu verbürgen, ist aus religiösen Gründen entstanden und hat bürgerliche Tugenden wie Fleiß, Gewinnstreben, Ehrlichkeit, Sparsamkeit und Mäßigung im Genuß begründet." (Rolshausen, 1991, 481f)

Diese moralischen Grundsätze der Lebensführung sorgen für Vereinsamung der Gläubigen und legitimieren gleichzeitig bestehende Ungleichheit als gottgewollt; so entziehen sie sich nicht nur jedem Einfluss des Menschen, sondern sind als Wahrheiten hinzunehmen. Hier spiegelt sich ein spezifisches Geschichts- und Menschenbild wieder: Der Mensch als Objekt einer vorbestimmten Geschichte, ohne jegliche Möglichkeit, seine eigene wie auch die politische Geschichte aktiv zu gestalten.

Die Besonderheit des Calvinismus besteht darin, dass eine Verbindung zwischen der Ökonomie bzw. dem ökonomischen Verhalten und der Religion in der Form hergestellt wird, dass die höchste religiöse Prämie, wie etwa im Katholizismus der Einzug in das Paradies, hier eben nicht in der Weltflucht zu finden ist, sondern in der Rationalisierung des Lebens. Religion, „Seufzer der bedrängten Kreatur, das Gemüt einer herzlosen Welt, [...] das *Opium* des Volks" (Marx, 1970b, 378), könnte man in Anlehnung an die Marxsche Kritik persiflierend hinzufügen, wird nicht erst im Himmel genossen, sondern schon hienieden ‚probiert'.

„Eine prinzipielle und systematische, ungebrochene Einheit von innerweltlicher Berufsethik und religiöser Heilsgewißheit hat in der ganzen Welt nur die Berufsethik des asketischen Protestantismus gebracht" (Rolshausen, 1991, 482).

Weber stellt so zwar eine Kausalität her, jedoch prüft er nicht ihren umgekehrten Zusammenhang, nach dem Alltagswissen in das religiöse Denken eingeführt wird, um rückwirkend das innerweltliche Handeln zu legitimieren und zu motivieren. Außerdem vernachlässigt Weber den kapitalistischen Geist, der schon im Mittelalter innerhalb des Katholizismus in Europa auftrat. Rolshausen argumentiert, dass Weber die Irrationalität der calvinistischen Lebensform verkennt und die Widersprüche nicht im ausreichenden Maß verfolgt. Weber übernimmt den Rationalitätsbegriff, ohne ihn kritisch auf seine tatsächliche Rationalität zu überprüfen. „Daran sind die Fragen geknüpft, ob die Isolierung eines Motivs, nämlich der Selbstzweck des Erwerbs, gegenüber anderen wie Selbsterhaltung, Sorge für die Familie oder öffentliche Wohlfahrt als konstitutiver Faktor sinnvoll ist. [...] Weber läßt die Frage offen, ob sich in der Manifestation des kapitalistischen Geistes konkrete Tendenzen nachweisen lassen, die zur Akkumulation von Kapital beigetragen haben, und nimmt auch die Möglichkeit nicht wahr, seine Verfahrensweise durch zeitdiagnostische Überlegungen zu rechtfertigen." (ebd., 484)

Es sind einige Fragen, die Max Weber offen lässt: In welcher Form lassen sich finanzieller Erfolg und Gottes Gnade in Verbindung setzen, wie ist diese Verknüpfung vollzogen worden? Muss dann nicht schon vorher ein Subjektverständnis vorgelegen haben, das auf dem konstruierten Lebenssinn ‚Arbeit' beruhte? Geht dem nicht ein Subjekt voraus, das sich in dieser Art in der Wirklichkeit erfahren hat? Kann man tatsächlich davon ausgehen, dass diese religiösen Maximen von so großer Verbindlichkeit waren, dass sie in dem von Max Weber beschriebenen Ausmaß befolgt wurden und Einfluss nahmen?

Dieter Schellong, der sich gegen einen solchen legitimatorischen Gebrauch des Protestantismus wendet, benennt folgende ideologische Anliegen der Weberschen Thesen: Weber macht den den Kapitalismus fördernden calvinistischen Geist vor allem an den kleinen Kaufleuten aus und ignoriert damit, dass der kapitalistische Kreislauf zwar nicht nur, aber vor allem vom riesigen Handelskapital der großen Kaufleute forciert wurde:

„Indem Weber es für typisch erklärte, suggerierte er die liberalistische Ideologie, derzufolge jeder die Aufstiegschancen zum Unternehmer habe, wenn er nur fleißig und asketisch genug sei. Wer es nicht soweit bringt, steht dann als bequemer Genüßling da." (Schellong, 1977, 102) Zudem diskutierte Weber seine Thesen zu einem Zeitpunkt, als die Zentralisation und damit der Rückgang der Kleinbetriebe schon weit fortgeschritten und beobachtbar war.

Webers Anspruch, den historischen Materialismus zu widerlegen, ist insofern nicht erfüllt, da schon allein der zeitliche geschichtliche Ablauf seiner These widerspricht. Zu dem Zeitpunkt, als der Calvinismus sich aus dem Protestantismus heraus entwickelte und seine Doktrinen sich durchzusetzen begannen, war der ‚kapitalistische Geist' unabhängig von religiösen Vorgaben schon ausgeprägt. Zudem ist eine Veränderung des Glaubensgutes auszumachen, die der ursprünglichen protestantischen Überzeugung nicht mehr entspricht. „Will man das erklären, bleibt nichts anderes übrig, als hier eine Anpassung der christlichen Religion an den Kapitalismus auf bestimmter historischer Stufe anzunehmen. Damit ist allerdings gerade der historische Materialismus *gestützt*, den zu bekämpfen Max Weber ausgezogen war." (ebd., 103)

Auch hier deckt Schellong ideologische Gehalte auf: „Insofern verdankt die Webersche These ihre Popularität wohl dem Empfinden: Wie schön wäre es, wenn es anders wäre, wenn es so wäre, daß religiöse Überzeugungen die Wirklichkeit gestalten." (ebd.) Weber verleiht einer historischen Entwicklung eine Kausalität, Logik und Rationalität - damit eine Legitimation - die verkennt, dass Geschichte auch unabhängig von Vernunft und Sinn gemacht wird oder über die Köpfe der Individuen hinweg geschieht.

Weber konnte auch die Frage nicht beantworten, warum „die Kausalanalyse vor dem Phänomen des *entfalteten* Kapitalismus versagt: Religiös motivierte Entsagungen und berufliche Tätigkeit haben eine Lebensführung hervorgebracht, von der sie ihrerseits aufgehoben werden. Warum gewinnen, wie er es ausdrückt, die äußeren Güter dieser Welt zunehmende und schließlich unentrinnbare Macht über den Menschen wie niemals zuvor in der Geschichte? Weber kann nicht erklären, warum sich rationale Wirtschaftsgesinnung und Organisationen zu einem schicksalhaften Zwang verselbständigen, der das Berufsmenschentum ohne jede Wahlfreiheit etabliert." (Rolshausen, 1991, 485) Wie ist erklärbar, dass sich das Berufsmenschenideal schließlich von religiösen Vorgaben löst und zu einer Selbstverständlichkeit gerinnt, im Alltagsbewusstsein fast als ,biologische Konstante' angenommen wird?

Webers Aussage, als er sich wissenschaftstheoretisch ausließ, „daß man Wahrheit anerkannt haben muß, um überhaupt Wissenschaft betreiben zu können", (ebd., 476) passt so ins Bild.

Der Handlungsbegriff

Max Weber hat ausdrücklich eine Theorie des sozialen Handelns formuliert, sprach dabei aber nicht von einer *Handlungstheorie*. Soziologie definiert er geradezu als „Wissenschaft vom sozialen Handeln". Handeln selbst definiert er durch den Begriff des subjektiven Sinns; im ,sozialen' Handeln orientiert sich der Handelnde explizit an einem Handlungspartner (vgl. Joas, 1984, 210ff): „,Handeln' soll dabei ein menschliches Verhalten (einerlei ob äußeres oder innerliches Tun, Unterlassen oder Dulden) heißen, wenn und insofern als der oder die Handelnden mit ihm einen subjektiven *Sinn* verbinden. ,Soziales' Handeln aber soll ein solches Handeln heißen, welches seinem von dem oder den Handelnden gemeinten Sinn noch auf das Verhalten *anderer* bezogen wird und daran in seinem Ablauf orientiert ist." (Weber, 1973, 542) Daran schließt Weber seine Unterscheidung der vier Arten von Bestimmungsgründen sozialen Handelns an: zweckrationale, wertrationale, traditionale und affektuelle Handlungen. Die Rationalität der Handlungen nimmt in dieser Reihenfolge ab. Sein schon angesprochener Rationalitätsbegriff kommt hier zum Tragen; rational ist eine Handlung dann, wenn bestimmte Mittel angewandt werden, die Handlung entsprechend ausfällt, um ein bestimmtes Ziel oder ein darauffolgendes zu erreichen. Die rationalste Form der Handlung ist die zweckrationale, bei der Ziel(e), Mittel, Wert, Handlungsweise und Kosten im Vorfeld abgeschätzt werden; der Wissenschaftler kann hier den Handlungsverlauf mit dem Idealtypus vergleichen, ohne viele psychologische Momente zur Erklärung heranziehen zu müssen. Das heißt jedoch nicht, dass beim zweckrationalen Handeln nicht auch Werte von Bedeutung sein können; Werte können z.B. die Wahl der Mittel oder der Ziele beeinflussen.

Wertrationales Handeln liegt vor, wenn ein einzelnes Ziel als Endziel und nicht, wie bei der Zweckrationalität, u.U. als Mittel um weitere Ziele zu erreichen, angestrebt wird, die Wirksamkeit der Mittel aber nicht abschätzbar ist. Werte sind hier die Motivation, Ziele umzusetzen, deren Zweck und die Anwendung der Mittel sind aber nicht eindeutig abgeschätzt.

Traditionales Verhalten ist geprägt von Tradition; eine Handlung fällt so und nicht anders aus, weil sie in der Vergangenheit ebenso vollzogen wurde; Motivation, Mittel und Ziel sind hier nicht ‚rational' gesetzt, nicht bewusst ausgewählt und geplant, sondern es werden vorhergehende Generationen in ihrer Handlungsweise kopiert, ohne dass diese Handlungsweise auf ihre Rationalität hin überprüft würde.

Die vierte Form der Handlung, die affektuelle, ist von dem Bedürfnis gesteuert, Emotionen Ausdruck zu verleihen. Die affektuelle Handlung hat kein erklärtes Ziel als das, der Umwelt Emotionen mitzuteilen.

Selbst in der Weberschen Definition der Rationalität verbleibend werden hier Brüche sichtbar. Jede Form der Handlung kann verschiedene Formen der Rationalität bergen, die Grenzen sind fließend.

Ein Beispiel: dem Stammesführer einer Gesellschaft wird Respekt demonstriert, indem die Gesellschaftsmitglieder ihm eine Opferung darbieten. Die Definition des traditionalen Verhaltens bietet sich ebenso an, wie die der zweckrationalen oder wertrationalen Handlung: Die Opferung kann z.B. stattfinden, weil diese Form der Respektzollung schon seit Generationen praktiziert wird. Oder aber die Gesellschaftsmitglieder haben das Bedürfnis, ihrem Stammesführer zu gefallen, also läge wertrationales Verhalten vor. Möglicherweise erhoffen sich die Mitglieder auch konkrete Vorteile und Vergünstigungen durch diese Handlung, dann muss man von zweckrationaler Handlung sprechen. Auch wenn, wie Max Weber forderte, dem Wissenschaftler die gesellschaftlichen Strukturen bekannt sind und die Mitglieder nach der Motivation und Bedeutung der Handlungen befragt wurden, ist die eindeutige Bestimmung problematisch, es können immer auch unterschiedliche Motivationen gleichzeitig eine Rolle spielen (vgl. Cohen, 1972, 83ff / Rolshausen, 1991, 472ff / Brunkhorst, 1991, 252ff).

Im Anschluss an immanente oder explizite Kritik aus „anderen Denkmöglichkeiten" (etwa Schütz und das „Problem der Konstitution des Sinns - welcher ja das H. definierte"; Mead und die „Betonung der offenen, prozessualen Wechselseitigkeit von Beziehungsdefinitionen und der gemeinsamen Konstitution von Handlungszielen"; Habermas und die „starke Akzentuierung des kommunikativen H. als Gegenbegriff zum instrumentellen (und strategischen) H.") ist als zentraler Kritikpunkt gegenüber *allen* handlungstheoretischen Entwürfen festzuhalten, „daß der [...] historische Materialismus über den allgemeinen Begriff der Praxis hinaus im Begriff der [...] Arbeit eine Berücksichtigung der Rolle gegenständlicher Mittel des H. und Dimensionen der Selbstverwirklichung und Sinnerfüllung enthält, welche im Begriff des ‚instrumentellen Handelns' nicht aufgenommen sind" (Joas, 1984, 212f).

Der Rationalitätsbegriff

Max Weber legt seinen Ausführungen einen bestimmten Rationalitätsbegriff zugrunde, den er wie folgt bestimmt.

Rationalität, ein Grundbegriff der Soziologie, kann z.B. als ein Indikator und Faktor der gesellschaftlichen Verhältnisse gelten, da er diese mit ihren Bewusstseinsstrukturen widerspiegelt. Was als rational in einer Gesellschaft gilt, gibt Aufschluss darüber, welche Werte gesellschaftlich grundlegende Gültigkeit haben.

Auch Max Weber macht Wert- und Zweckrationalität als die beiden wichtigsten Typen von Rationalität aus und folgt damit Kant, der die Bezeichnungen „reine" bzw. „praktische Vernunft" verwandte. Die These, die dabei Webers Arbeiten zugrunde liegt, ist die, dass die Menschheitsentwicklung als Prozess zunehmender Rationalisierung begriffen werden kann, der ihm, wie gesagt, auch als die wichtigste spirituelle Vorbedingung der Entstehung des Kapitalismus scheint. Er fand diese Rationalität aber auch u.a. im Buddhismus und Hinduismus vor.

Neben den beiden wichtigsten Typen der Rationalität existieren für Weber autonome Wertsphären, aus denen verschiedene Typen von Wertrationalität hervorgehen, die in einem Spannungsverhältnis zueinander stehen, sogar widersprüchlich sein können. Daran schließt sich Webers Frage an, „ob sich die eigengesetzlich verselbständigten, zu autonomen Sphären gewordenen Rationalitätsmomente noch einmal zu einer vernünftigen Identität moderner Gesellschaften zusammenfügen - oder ob nicht am Ende jeder dem partikularen ‚Dämon' gehorchen muß, ‚der seines Lebens Fäden hält'" (Weber zit. n. Brunkhorst, 1991, 274).

Weber leistet damit eine Ablösung des Rationalitäts- bzw. Vernunftbegriffs vom Apriorismus der bisherigen philosophischen Diskussion und Definitionsversuche. Er sieht Wirklichkeit, in der Menschen leben, als eine historisch-kulturell je verschiedene Wirklichkeit, die nicht aus allgemeinen Gesetzen abgeleitet werden kann; er definiert den Rationalitätsbegriff in Abhängigkeit von gesellschaftlichen Strukturen und vermeidet so die Voraussetzung einer bestimmten Form der Vernunft der Geschichte, wie z.B. Hegel dies tat. Die eine rationale Vorannahme, die Weber macht, ist die der Unterstellung des entlang der Definition der Rationalität erklärbaren Handelns der Individuen. „Ob und in welcher Hinsicht die Geschichte rational verläuft, ist im methodischen Blickwinkel des Soziologen dann aber zu einer vollkommen offenen, empirischen Frage geworden. Auch ein irrationaler Verlauf der Geschichte kann, genauso wie das irrationale Verhalten eines Handlungssubjekts, als Abweichung von einem möglichen, idealtypisch konstruierten rationalen Verlauf rational verstanden werden. Aus dem geschichtsphilosophischen Vernunftapriori wird so eine konstruktive Hypothese über den okzidentalen Rationalismus, die auf ‚Wertbeziehungen' und ‚Erkenntnisinteressen' aufsitzt" (Brunkhorst, 1991, 275).

Es ist nicht die Konventionalregel oder das Verhalten eines Kollektivs, das Weber als Motivation für eine bestimmte Handlung erkennt, sondern die je unterschiedlichen Vorstellungen von ‚Norm' eines jeden einzelnen Handelnden ist der Grund für eine entsprechend ausfallende Handlung (vgl. Jonas, 1976, Bd. 2, 184).

Für Weber bedeutet die okzidentale Rationalisierung weiterhin eine Denaturierung, die Veränderung des Menschen vom ‚natürlichen Menschen' hin zum rationalen Wesen. Er spricht von der „Naturquelle alles Lebens", aus der Gesellschaft herausgelöst wird. Er hält Natur und Geist für heterogene Sphären, die nicht miteinander zu vereinbaren sind: „Von dem geronnenen Geist der ‚kalten Skeletthände rationaler Ordnungen' führt kein Weg mehr zurück zur Naturquelle alles Lebens: dem ‚jedem rationalen Bemühen ewig unzugänglichen Kern des wahrhaft Lebendigen' [...]. Was bleibt, ist dann nur noch der irrationale Ausbruch aus dem Gehäuse der Hörigkeit, zu dem der Geist durch den Sieg des Kapitalismus geworden ist." (Brunkhorst, 1991, 277)

Wie man sieht, erweitert Weber hier den Blickwinkel; er bezieht sich nicht nur auf die instrumentelle Vernunft, nicht nur auf die Anwendung und Erwerb eines Wissensbestandes. Ebenso gehören Affekte oder moralische Stellungnahmen zu seinem Rationalitätsbegriff. Weiterhin unterstellt Weber Entscheidungsspielräume, für ihn setzen gesellschaftliche Rationalität und individuelle Autonomie einander voraus. „Autonomie ist vielmehr das zentrale, in jedem rationalen Handeln immer schon vorausgesetzte, wertrationale Maß gesellschaftlicher Rationalisierungsprozesse." (ebd., 279)

Weber nennt zwei Maßstäbe für die Stufe der Rationalisierung:

Zum ersten „die Entzauberung der Welt", die für ihn mit der zunehmenden Durchdringung der Welt durch die wissenschaftliche Rationalität einhergeht.

Zum zweiten hält Weber die mit dem ersten Punkt in Verbindung stehende wachsende Autonomie für einen Maßstab der Stufe der Rationalisierung: durch sein Freimachen von Mythen und „Magie"[6] macht sich der

---

[6] Der Begriff 'Magie' ist von Weber durchaus nicht irrational gemeint. Die Magie ist nur der erste Versuch der Weltdeutung und so als erste Stufe der Rationalisierung anzusehen.

Mensch unabhängig von der Herrschaft äußerer Mächte und kann so sein Verhalten und seine Ziele allein in Abhängigkeit von seinem Willen durchsetzen.

Hier drückt sich eine tiefe Skepsis gegenüber der Macht der Vernunft aus, so dass man gezwungen ist, den Vorwurf der kritiklosen Übernahme eines Rationalitätsbegriffs und damit der Nichterfüllung seines eigenen Anspruchs an Wissenschaft, der „Werturteilsfreiheit", zu überdenken. Webers Begriff des Idealtypus, der den höchsten Grad an Verstehbarkeit menschlichen Handelns ermöglicht, indem die ins Ideal gesteigerten Eigenschaften und ihre Ziele systematisiert werden, zielt nicht auf eine bestimmte Wahrheit ab; er versteht diesen wie seine gesamten theoretischen Überlegungen vielmehr als eine Annäherung an Wahrheit: „ Das konstruierte Schema hat natürlich nur den Zweck, ein idealtypisches *Orientierungsmittel* zu sein, nicht aber eine eigene Philosophie zu lehren. [...] Die Konstruktion ermöglicht es, da, wo sich eine historische Erscheinung einem von diesen Sachverhalten in Einzelzügen oder Gesamtcharakter annähert, deren - sozusagen - typologischen Ort durch Ermittlung der Nähe oder des Abstandes vom theoretisch konstruierten Typus festzustellen." (Weber, 1978, 536f) Der Idealtypus kann als Instrument dienen, um eine Standortfeststellung vorzunehmen.

Aber auch hier wäre von Interesse gewesen, die Kriterien, die zur Bestimmung des Idealtypus beigetragen haben, erkenntniskritisch auf ihre Bedeutung außerhalb des zum Idealtypus gehörigen Regelsystems zu analysieren, um wiederum als Erkennender auch den eigenen Standort und die eigene ‚Nähe oder den Abstand vom theoretisch konstruierten Typus festzustellen' (s.o.).

Allein seine Auswahl des Leitfadens der ‚Rationalität', der Begrifflichkeiten, Schwerpunkte, Bedeutsamkeiten, Definitionen und Schemata prägen und spiegeln gleichzeitig einen einseitigen Blickwinkel. „Weber qualifiziert die Rationalisierung der Weltbeherrschung als unseren Gesichtspunkt, mit dem wir deren Herausbildung retrospektiv analysieren und beansprucht gleichzeitig die Möglichkeit einer alle Kulturmenschen vereinenden Perspektive und die Heraushebung eines ‚wesentlichen' Merkmals." (Rolshausen, 1991, 478f) Dabei umgeht er, andere Zusammenhänge oder Deutungsmöglichkeiten in Betracht zu ziehen, gegebenenfalls zu kritisieren oder gar zu widerlegen; im Gegenteil: er verfolgt konsequent eine eindimensionale Kette von Zusammenhängen mit dem Ziel, einen Nachweis für seine schon gefasste These zu erbringen, dass die Konsolidierung des Kapitalismus und die einhergehende geschichtliche Entwicklung des ‚kapitalistischen Geistes' und eines neuen ‚Berufsmenschenideals' auf religiöse Einflüsse zurückgeht. Er fällt damit deutlich hinter seinen eigenen methodologischen Anspruch, den er im Zusammenhang mit seinem Wissenschaftsbegriff entwickelt, zurück. Innerhalb seiner Deutungsmuster verbleibend, kann man seinen Schemata eine gewisse Logik nicht absprechen, die soweit für seine Argumentation eine Absicherung bedeutet:

„Die Rückbindung des Wertbezugs an die Kulturwirklichkeit soll wissenschaftliche Aussagen auf doppelte Weise sichern: Die auf Selektion, Abstraktion und idealisierende Konstruktion gestützte wissenschaftliche Begriffsbildung folgt einerseits Maßstäben, die überindividuelle Geltung beanspruchen; sie ist andererseits auf Werte der Kulturwirklichkeit bezogen." (ebd., 475f) Eine ähnliche Kritik an der Weberschen Sichtweise formulierte Georg Lukács (vgl. 1968, 214) in „Geschichte und Klassenbewußtsein". Er kritisiert die Loslösung des Prinzips ‚Rationalität' aus dem geschichtlichen Zusammenhang und die geschichtsübergreifende Anwendung dieses Prinzips auf das menschliche Denken. „Die methodischen Grenzen der formal-rationellen, abstrakten Begriffsysteme haben wir bereits kennengelernt. Hier kommt es nur darauf an, festzuhalten, daß durch sie *diese* Aufhebung der bloßen Faktizität der historischen Tatsachen eine methodische Unmöglichkeit ist [...]. Was dabei erreicht werden kann, ist bestenfalls eine formelle Typologie der Erscheinungsformen von Geschichte und Gesellschaft, wobei die historischen Tatsachen als *Beispiele* herangezogen werden können, wobei zwischen dem System des Begreifens und der zu begreifenden objektiven geschichtlichen Wirklichkeit ein gleicher, bloß zufälliger Zusammenhang bestehen bleibt." (Lukács, 1968, 275)

Er entdeckt in dem konstruierten Zusammenhang von religiöser Heilsgewissheit und ökonomischem Erfolg im Calvinismus eine ideologische Gemeinsamkeit: er sieht hier die Verdinglichung als Grundkategorie für die ganze Gesellschaft bewiesen. „Ja man könnte sagen, daß die - ebenfalls revolutionäre - kalvinistische Verbundenheit der individuellen Bewährungsethik (innerweltliche Askese) mit der völligen Transzendenz der objektiven Mächte der Weltbewegung und der inhaltlichen Gestaltung des Menschenschicksals (Deus absconditus und Prädestination) die bürgerliche Ding-an-sich-Struktur des verdinglichten Bewußtseins mythologisierend aber in Reinkultur darstellt." (ebd., 330f) Machtverhältnisse gehen in Form von Begrifflichkeiten in ein Deutungskonstrukt ein und verbleiben innerhalb der Argumentation als nicht in Frage gestellte, als quasi natürliche Gegebenheiten, womit auch im Hinblick auf politische Intervention das erkennende und politisch handlungsfähige Subjekt nicht als solches in Betracht gezogen wird. „Dies ist aber keine Abschwächung, sondern eine Steigerung der verdinglichten Bewußtseinsstruktur als Grundkategorie für die ganze Gesellschaft." (ebd., 193)

Weber gründet seine Argumentation auf der Grundlage einer geschichtlichen Entwicklung, der Industrialisierung, und entwickelt auf ihr seinen Begriff der Rationalität. Der Industriegesellschaft innewohnende Momente wie Macht, Herrschaft und ihre Interessen gehen als gleichsam ‚anthropologische Konstanten' in einen angeblich neutralen Rahmen ein und rationalisieren so eine eigentlich geschichtlich wandelbare Form der Rationalität. Der Gesellschaft werden Momente und Selbstverständlichkeiten übergestülpt, die als Vorannahmen zu identifizieren und zu analysieren wären. „Webers Analyse des Kapitalismus ist im Gegensatz zu seinen methodischen Überlegungen nicht wertfrei: Die von ihm als technisch bestimmte Vernunft ist politisch; im ‚Gehäuse der Hörigkeit' ist auch die bürgerliche Vernunft eingeschlossen." (Rolshausen, 1991, 494)

Okzidentaler Rationalismus und gesellschaftliche Differenzierung

Im Anschluss an Webers Handlungs- und Rationalitätsbegriff ist hier spe-
zieller nach seinem Verständnis von gesellschaftlicher Differenzierung zu
fragen, ein Begriff, der bei Weber kaum erwähnt ist, wenngleich er sich
damit als Folge des „okzidentalen Rationalismus" auseinandersetzt (vgl.
auch zum Folgenden Schimank, 2000, 53ff). Was, war Webers Frage
(1978, 20), hat den „spezifisch gearteten ‚Rationalismus' der okzidentalen
Kultur" hervorgebracht, wobei er, wie bisher erörtert, die Bedeutung bestimmter kultureller Faktoren betonte und auch die kapitalistische Wirtschaft als zwar nur einen, doch aber zentralen Aspekt benannte: „der Ok-
zident kennt in der Neuzeit [...] eine ganz andere und nirgends sonst auf
der Erde entwickelte Art des Kapitalismus: die rational-kapitalistische
(betriebliche) Organisation von (formell) freier Arbeit." (ebd., 7) Dies ist
aber eben nur ein Bereich des „Rationalismus" neben anderen (wie
Recht, Wissenschaft, Politik, Kunst etc.), die insgesamt als „okzidentaler
Rationalismus" zwar etwas Gemeinsames haben, nämlich eine parallele
Rationalisierung allen gesellschaftlichen Handelns mit der Herauslösung
des zweckrationalen aus traditionalen und auch emotionalen Einbindun-
gen, aber auch Differenzen aufweisen, *„Wertsphären"* der modernen Gesellschaft, die relativ autonom sind und immer wieder miteinander kollidieren (können). Dabei betont Weber jedoch, dass sich daraus keine schier
unüberschaubare Vielfalt von Wertmaßstäben für die Handelnden ergibt,
sondern eine begrenzte Anzahl an Maßstäben, die allerdings ihre Besonderheiten haben - Politik differenziert sich für das Streben nach Macht,
Wirtschaft für jenes nach Gewinn, Wissenschaft nach Wahrheit, Jurispru-
denz nach Recht, Kunst nach Schönheit, Erotik nach Lusterfüllung... Diese „Wertsphären", in heutiger soziologischer Terminologie spricht man
von Ausdifferenzierung der verschiedenen gesellschaftlichen Teilsysteme, resultieren eigenlogisch aus der konsequenten Weiterentwicklung
der jeweiligen Wertorientierungen. Diese Differenzierungsvorgänge werden in diesem Sinne ‚kulturell' über ‚Perfektionierung' hervorgetrieben,
was aber nicht die einzige Triebkraft ist. Für Weber ist „die Tendenz vom

Diffusen zum Spezifischen offensichtlich ein letztlich anthropologisch be-
gründeter Druck. Die Menschen können es einfach nicht lassen, bestimmte Werte immer mehr zu vereinseitigen und letztlich in ihnen vorbe-
haltene Handlungssphären zu verabsolutieren. Diese Rationalisierung der
Werte ist für Weber eine wesentliche Ausdrucksform des menschlichen
Bestrebens, sinnhafte Ordnung in die Welt zu bringen", ein störungsemp-
findlicher Prozess und dadurch der „anthropologische Hauptantrieb des
weltgeschichtlichen Rationalisierungsprozesses, der in Europa und Nord-
amerika schließlich in den ‚okzidentalen Rationalismus' mündet." (Schimank, 2000, 60f) Dieser aber geht zurück auf das Zusammenwirken kultureller und sozialstruktureller Faktoren, die neben dem anthropologisch
ausgewiesenen Rationalisierungsbedürfnis dann im christlich geprägten
Europa auch und wesentlich über den Protestantismus solche neuartige
gesellschaftliche Differenzierungsform entstehen ließen. Damit stellt sich
aber auch das Integrationsproblem moderner Gesellschaften, in denen
die „Wertsphären" nebeneinander stehen, die durch den sich in ihnen allen ausdrückende „Rationalismus" keine bindende übergeordnete Sinnhaftigkeit haben (wie es beispielsweise die Religion gewesen ist, die
nunmehr selbst nur noch „Wertsphäre" ist). Demzufolge stehen die „verschiedenen Wertordnungen der Welt in unlöslichem Kampf" untereinander (Weber, 1967, 27), insofern können verabsolutierte Handlungsorientierungen aus jeweiligen „Wertsphären" miteinander inkompatibel werden,
was, alle „Wertsphären" zusammengenommen, darauf hinauslaufen
kann, „daß die multiplen Spannungen das gesellschaftliche Ganze
gleichsam zentrifugalen Kräften aussetzt, die sich in wechselseitigen negativen Externalitäten manifestieren." (Schimank, 2000, 63) Hier schließt
sich die klassische soziologische Frage an, wie ist (unter solcher Differenzierung auf der Makro-Ebene) Gesellschaft und funktionierende gesellschaftliche Integration möglich?
Webers Antwort darauf basiert auf zwei Hauptargumenten: die integrative
Wirkung *„bürokratischer Herrschaft"* in Form der Ausbreitung formaler
Organisationen, die alle Gesellschaftsbereiche durchdringt (vgl. Weber,
1972, 125ff u. 551ff), und als Motor des Wandels und gegen Verkrustung

die charismatischen Persönlichkeiten. Die Innenwelten formaler Organisationen ‚glätten' das Konfliktpotential aus den verschiedenen gesellschaftlichen „Wertsphären" und stellen so zumindest Orte lokaler Integration gesellschaftlicher Handlungszusammenhänge dar. Rechtsstaatlich werden die Konflikte zwischen den „Wertsphären" eingefroren oder zumindest moderat gehalten, was allen Beteiligten eine gewisse Erwartungssicherheit bietet und von sich wiederholendem und erneutem situativem Aushandeln entlastet. Es ist allgemein bekannt, ‚wann' ‚was' ‚wo' ge- bzw. verboten ist. Das trägt der Entwicklung der ausdifferenzierten „Wertsphären", der gesellschaftlichen Teilsysteme, zwar zu, doch trägt die auf der anderen Seite integrative und damit notwendige „bürokratische Herrschaft" in Gestalt flächendeckender formaler Organisationen zu einer wachsenden Abhängigkeit des Einzelnen von eben diesen Organisationen bei, indem sie sein Handeln bestimmt und überformt. Insofern kann der Integrationsmodus aus „bürokratischer Herrschaft" problematisch bis prekär nicht nur für die einzelnen Gesellschaftsmitglieder werden, sondern auch für die Gesellschaft als ganze, weil sie deren (Weiter-)Entwicklung blockieren kann. Hier können es dann jene charismatischen Persönlichkeiten sein, die über die drohende Blockierung hinausweisen, was aber letztlich über die Gewöhnung und Zunahme der Alltäglichkeit in einer neuen „bürokratischen Herrschaft" mündet.

Ob und wie Webers Bestimmungen von „bürokratischer Herrschaft" und charismatischen Persönlichkeiten seine - aus heutiger Sicht: problematische - Behandlung von Ethnizität und sehr konkret der ‚Rassenfrage' beeinflusst haben, kann hier nicht ausgelotet, muss aber (als Möglichkeit) mitgedacht werden. Ein Hinweis ist damit gegeben, dass - nach der Analyse von Klingemann (1996, 201) - im Hinblick auf die Landarbeiteransiedlungsstrategien in den ‚Ostprovinzen' Himmler und Weber „auf den von Weber als Kern der Rassenvorstellungen benannten Effekt der Mobilisierung des Gemeinschaftsglaubens (setzen) - in diesem Falle an das Deutschtum."

„Die Eigentümlichkeit der modernen Gesellschaft", so sind Webers differenzierungstheoretischen Überlegungen im Anschluss an seine Gesell-
schaftsanalyse zu resümieren, liegt „in der spezifischen Rationalisierung
des Handelns, die in der Wertdimension eine Ausdifferenzierung gesellschaftlicher ‚Wertsphären' hervorgebracht hat. Genetisch ist die moderne
Gesellschaft also aus kulturell gegebenen Denkmöglichkeiten und -
zwängen entstanden. Daß Spannungen zwischen den ‚Wertsphären'
nicht das gesellschaftliche Ganze zerreißen, ist für Weber vor allem in der
integrativen Kraft ‚bürokratischer Herrschaft' begründet, die aber sowohl
für die Gesellschaftsmitglieder als auch für die Gesellschaft als ganze
höchst prekär ist. Weber sieht damit die Differenzierungsform der modernen Gesellschaft und die Ausbreitung formaler Organisationen im eng-
sten Zusammenhang und macht genau daran die Ambivalenz der Moderne fest." (Schimank, 2000, 69)

Diese ‚Ambivalenz' sieht er, sein Hauptaugenmerk ist dabei auf ‚gesellschaftliche Integration' und ihre Folgen als auch Risiken gerichtet; ‚Risiken' aus dieser ‚Ambivalenz' analysiert er jedoch nicht im Hinblick darauf,
wie ihnen kollektive und nicht nur auf charismatische Führer beschränkte
Geschichtsmächtigkeit in ‚transitorischer' Absicht entwachsen könnte, in
der sich nicht nur „bürokratische Herrschaft" perpetuiert.

Arnold Gehlen (1904 - 1976): Vom Mängelwesen zum Posthistoire

Institutionalisierung

Arnold Gehlen stellt den Menschen in seiner philosophischen Anthropologie als ‚Mängelwesen' dar, das seine Umwelt durch ein von Institutionen
geleitetes und gesichertes Handeln verändern muss, um überleben zu
können. Das „nicht festgestellte Tier" (Gehlen), der Mensch, ist aufgrund
mangelnder Instinktsicherheit und fehlender fester Einpassung in einen
bestimmten Lebensbereich gezwungen, diese Mängel zu kompensieren,
indem er sich Werkzeuge (besonders Sprache und Denken), soziale Institutionen und Verhaltensmuster schafft. Jonas (1966, 49f) argumentiert,
dass Gehlen damit die unvollkommene menschliche Natur wieder in die
Diskussion gebracht hat. Dies hat deswegen zu Kritik geführt, „weil man
das Bewußtsein als die Vollkommenheit definiert hat, vermöge deren der
Mensch selbst sich weiterhelfen und die Geschichte trotz der Begrenzun-
gen, die mit seiner materiellen Natur verbunden sind, zu einem glückseli-
gen Abschluß führen kann." (ebd., 50) Jonas bezeichnet die Voraussetzung eines Menschen, der die Realität zu erkennen und sich dement-
sprechend zweckmäßig zu verhalten in der Lage ist, als naiv: „Im Hintergrund steht natürlich Descartes mit seiner bekannten Ableitung der Realität als dem, woran man im Denken nicht zweifeln könne und der darauf
aufbauenden phantastischen Hoffnung, daß der Mensch sich irgendwann
einmal aus einem endlichen Wesen zum Herrn und Meister der Natur
mausern werde" (ebd., 49).
Gehlen macht einige anthropologische Konstanten bezüglich des Menschen zur Voraussetzung seiner Überlegungen, so z. B. die von der
Weltoffenheit des Menschen. Während das Tier in der Beziehung zu seiner Umwelt biologisch fixiert ist und sein Lebensraum somit seine abge-
schlossene Welt sein muss, nimmt der Mensch eine Sonderstellung ein:
er kennt keinen durch einen Instinktapparat abgesicherten Lebensraum,
seine Welt ist also ‚offen'. Hier wird ausgegangen vom Mensch als
„ein(em) Wesen, das durch seine im Vergleich zum Tier unspezifische

Veranlagung darauf angewiesen ist, zu lernen." (ebd., 23) Damit ist ihm im Gegensatz zum Tier der Zwang und auch die Möglichkeit gegeben, sich seinen Lebensraum aktiv anzueignen, sich einen Lebens- und Handlungsraum zu schaffen. Folglich verändert sich mit der Entstehung der neuen Lebensbedingungen wiederum die Grundlage des Seins, wodurch der Mensch potentiell auch seine Bedürfnisse und damit sich selbst verändert. Es geht hier also nicht nur um die Organisation der Notwendigkeiten des Lebens, sondern auch um die sozialen (und politischen) Strukturen und ihre Wechselwirkung. Dieser von Gehlen gewählte Ansatz zielt auf „das entscheidende Problem: die Weltoffenheit und Riskiertheit des Menschen, der sich weder auf seine Natur noch auf seine Kultur verlassen kann." (ebd., 21f)

Die Menschwerdung findet somit in Wechselwirkung mit der jeweiligen natürlichen wie menschlichen Umwelt statt. Der Begriff der menschlichen Umwelt bezieht sich dabei auf die produktive Tätigkeit des Menschen; wie erkennbar ist, setzt Gehlen voraus, dass der Mensch als handelndes Wesen verstanden ist. Schon in seiner Einleitung zu „Urmensch und Spätkultur" schreibt Gehlen (1964, 8): „Dieser Ansatz ist sachaufschließender als jeder andere, denn im Begriff der Handlung ist die denkende, erkennende, wollende Seite des Menschen ebenso enthalten, wie seine physische, aber so, daß beide uno actu als gegenseitig sich voraussetzend, als ineinander erhalten gedacht werden."

Daraus ergibt sich für Gehlen aber nicht, den Menschen als ein gesellschaftliches Wesen anzunehmen.

Berger und Luckmann (1966, 54) sehen im Gegensatz dazu die menschliche Selbstproduktion als eine ‚gesellschaftliche Tat': „Sobald man spezifisch menschliche Phänomene untersucht, begibt man sich in den Bereich gesellschaftlichen Seins. Das spezifisch Menschliche des Menschen und sein gesellschaftliches Sein sind untrennbar verschränkt", merken die Autoren kritisch an.

Gehlen hingegen zieht aus dem Fehlen von menschlichen Instinkten, die auch das kollektive Verhalten absichern würden, den Schluss, dass das Zustandekommen gemeinsamen menschlichen, möglicherweise sogar kontinuierlichen Handelns durch nichts garantiert wird. An die Stelle dieser Verbindlichkeiten, so Gehlen, tritt dann die Institution, um den fehlenden naturwüchsigen Zusammenhang und Stabilität zu stiften. (vgl. Gehlen, 1964, 157)

In diesem Sinne wird auch der Begriff der ‚Handlung' bei Gehlen gefasst: Handlung ist zunächst mal die Aneignung der Natur zu den Zwecken des Menschen, also: zur Befriedigung seiner Bedürfnisse. Eingeschlossen in den Begriff der Handlung sind sowohl der Denkvorgang, die Idee oder Erkenntnis, die dann auf ein Ziel gerichtet ist, das der Mensch erreichen will, ebenso wie die biologische Kraft und Fähigkeit, die nötig sind, dieses Ziel zu erreichen. Zur Erfüllung seiner Bedürfnisse ist es in manchen Fällen zweckmäßig, dies in sozialen Zusammenhängen zu tun, allein um den Aufwand zu minimieren. Ebenso lässt sich die ursprüngliche Form der Arbeit definieren. Marx würde von ‚lebendiger Arbeit' sprechen: „Als Bildnerin von Gebrauchswerten, als nützliche Arbeit, ist die Arbeit daher eine von allen Gesellschaftsformen unabhängige Existenzbedingung des Menschen, ewige Naturnotwendigkeit, um den Stoffwechsel zwischen Mensch und Natur, also das menschliche Leben zu vermitteln." (Marx, 1971a, 57)

Der Handelnde selbst ist damit von dem sich wiederholenden Entscheidungszwang befreit und handelt so nach einem Modell, das zwar nicht seines ehemaligen Sinns entbehrt, dieser ist jedoch in einem grundlegenden Wissensvorrat gespeichert und muss nicht mehr zwingend auf jede Situation neu bezogen werden. Jonas (1966, 24) spricht von einem Lernprozess, der „bewirkt, daß innen ein Führungssystem aufgebaut wird, das dem Menschen im Gegensatz zum Tier außen fehlt."

Indem sie die ansonsten für jede Entscheidung nötige Energie im Hinblick auf kommende Situationen freisetzt und damit die Chancen ihrer Bewältigung erhöht, ist „die Habitualisierung des Verhaltens selbst produktiv" (Gehlen, 1964, 43). Damit ist eine Form der Spezialisierung erreicht, die die biologische Ausstattung des Menschen vermissen lässt und weiterhin werden die aus den fehlenden bzw. ungerichteten Trieben resultierenden Spannungen und Stress-Situationen abgebaut. Die auf diese Weise freigesetzten Energien können für Situationen genutzt werden, in denen aktuelle Entscheidungen unerlässlich sind. Somit ist die Habitualisierung in mehrfacher Hinsicht nützlich, „da sie die Entlastungschance für höhere, kombinationsreiche Motivationen herstellt und diese damit geradezu ermöglicht." (ebd., 43) Sie ermöglicht also die Umsetzung des kreativen und innovativen Potentials in Situationen, die zunächst eine Entscheidung erfordern und ebnet u.U. so den Weg zu einer weiteren Habitualisierung und treibt die Entwicklung und Stabilisierung ihrer selbst voran. Diesbezüglich spricht Gehlen von der „Hintergrundserfüllung" (ebd., 50ff), wenn eine habitualisierte Handlung oder ein habitualisiertes Verhalten den Beteiligten als ‚angeboren' oder ‚instinktgesichert' erscheint und ihr einstmaliger Sinn und das Bedürfnis danach grundsätzlich noch vorhanden, aber nicht während der Handlung bewusst sind. Damit ist der Ablauf zwischen Antrieb und Bedürfnisbefriedigung durch Habitualisierung gesichert.

Dabei spielt auch die Arbeitsteilung eine Rolle, sie beinhaltet ein Kriterium, welches der Habitualisierung und damit der Institutionalisierung eine förderliche Grundlage bietet. Denn Arbeitsteilung bedeutet auch, dass die an der Produktion beteiligten Subjekte die Produktion nicht mehr in ihrer Ganzheit überblicken (können), da sie nur noch an einem Teil des Arbeitsprozesses mitwirken. Dem arbeitsteiligen Arbeiten liegt weiterhin die Wiederholung zugrunde, die als Voraussetzung für Habitualisierung gilt.

Aus dem Begriff der Habitualisierung entwickelt Gehlen den der Institutionalisierung; die menschlichen Gruppen und Symbiosen werden zusammengehalten „durch Institutionen und die darin erst sich feststellenden quasi automatischen Gewohnheiten des Denkens, Fühlens, Wertens und Handelns. Allein als institutionell gefaßte vereinseitigen, habitualisieren und stabilisieren sich diese." (Jonas, 1966, 44)

Diese Institutionen sind ein Produkt der Geschichte, die sie hervorbringt, und sie sind insofern immer auch mit der Existenz von Macht und Kontrolle verknüpft, ein Aspekt, der von Gehlen nicht in Betracht gezogen wird (s.u.). Er nimmt Abstand von anderen rationalistischen theoretischen Ansätzen, in denen sich z.B. über die Institutionen ein teleologisches Ziel verwirklicht; für ihn ist es die „sekundäre objektive Zweckmäßigkeit"

(Gehlen, 1962, 381ff), die institutionalisiert wird. Das „ideative Bewußt-sein" im Gegensatz zum seiner Meinung nach nicht messbaren „instru-mentellen Bewußtsein" (vgl. ebd., 393) ist für ihn die Instanz, die zu-nächst zur Institutionalisierung bzw. zu Institutionen führt. „Die Institutio-nen sind nicht das Ergebnis eines instrumentellen Bewußtseins, das di-rekt auf ein bestimmtes Ziel zugeht, sondern Folgen eines von der Au-ßenwelt provozierten Verhaltens, dessen Zweckmäßigkeit sich erst hin-terher herausstellt." (Jonas, 1966, 52)

Erst durch die Konsequenzen des ideativen Verhaltens, was er am Bei-spiel des Totemismus erläutert, werden die objektiven Zweckmäßigkeiten entwickelt; das heißt, dass es sich bei den Zweckmäßigkeiten um sekun-däre Folgen des ideativen Verhaltens, oder, um Gehlens Terminologie beizubehalten, „sekundäre objektive Zweckmäßigkeiten" handelt. Die sich herausstellende Zweckmäßigkeit stabilisiert und instrumentalisiert dann rückwirkend das ideative Verhalten. Es kommt aufgrund der Entfernung von den ursprünglichen Motiven zu der Herausbildung einer eigenen ab-geschlossenen Realität: „Institutionalisierung bedeutet Umschlagen in Eigengesetzlichkeit." (Jonas, 1966, 56)

Gehlen kommt zu dem Schluss: „Die allen Institutionen wesenseigene Entlastungsfunktion von der subjektiven Motivation und von dauernden Improvisationen fallweise zu vertretender Entschlüsse ist eine der groß-artigsten Kultureigenschaften, denn diese Stabilisierung geht [...] bis in das Herz unserer geistigen Positionen." (Gehlen, 1964, 43)

Die „idée directrice", die Führungsidee, die bei ihm die Rolle des teleolo-gischen Gedankens ersetzt und zur Institutionalisierung führen kann, speist laut Gehlen das ideative Bewusstsein und verleiht ihm ihre Logik (vgl. ebd., 394). Damit stellt sich die Frage nach der Genese und der Form der idée directrice bzw. des ideativen Bewusstseins, die aber offen bleibt.

Die (Ur-)Phantasie ist laut Gehlen das „elementare Sozialorgan" (ebd., 319), die über den Weg des ideativen Bewusstseins das Identifikations-potential (z.B. mit dem Totemtier) liefert und zur Stabilisation der Instituti-on führt. So entsteht eine Routine, die ebenso Handlungsanleitungen wie aber auf der anderen Seite auch Erwartungen bezüglich des Verhaltens hervorbringt, die, sofern eingelöst, wiederum für Stabilisierung sorgen. Mit dem Vorgang der Weitergabe der institutionalisierten Handlungen an nachfolgende Generationen wird die Institutionalisierung vollendet. Es findet eine Objektivierung statt, die den Institutionen eine eigene Wirklichkeit verleiht. Die neue Generation hat keine Kenntnisse über die Situation, die Menschen und das Wissen, die die Institution hervorgebracht haben. „Die Objektivität der institutionalen Welt ‚verdichtet' und ‚verhärtet' sich, nicht nur für die Kinder, sondern - mittels eines Spiegeleffektes - auch für die Eltern. [...] Eine Welt, so gesehen, gewinnt Festigkeit im Bewußtsein." (Berger/Luckmann, 1966, 63) Die nachfolgenden Generationen, die nicht an der Entwicklung der Institutionen beteiligt waren, erleben sie als gegebene Wirklichkeit. Die Unterscheidung zwischen unveränderlichen objektiven Gegebenheiten und gesellschaftlichen Bedingtheiten, die als Produkt des Menschen und damit als je historische anzusehen sind, wird erschwert.

Imperative

Gehlen entwickelt in seiner Theorie, dass der Mensch als instinktentbundenes Mängelwesen die rigiden Institutionen benötigt, um seine chaotische, anarchische Natur niederzuringen: „Die Institutionen wirken wie Stützpfeiler und wie Außenhalte, deren Veränderlichkeit zwar die gesamte menschliche Geschichte und Kulturgeschichte zeigt. Aber von größter Wichtigkeit ist da ein Allmählichkeitspostulat. Zerschlägt man die Institutionen eines Volkes, dann wird die ganze elementare Unsicherheit, die Ausartungsbereitschaft und Chaotik im Menschen freigesetzt." (Gehlen, 1961, 24) Weiterhin konstatiert er, dass durch nichts der dauerhafte Fortbestand von Institutionen gesichert ist, da keine Triebe oder Instinkte vorhanden sind, „die als biologische Faktoren irgendeine Stabilität des Verhaltens garantieren." (Gehlen, 1964, 157) Somit ist die Notwendigkeit gesellschaftlicher Ordnung als zweite Natur in der biologischen Verfassung des Menschen angelegt, jedoch nicht ihr dauerhafter Erhalt. Von hier ausgehend wird die Rigidität als Eigenschaft von Institutionen für Gehlen zwingend notwendig, er spricht von „Imperativen" (vgl. ebd., 156ff), als „das virtuelle Schonvollzogensein der Handlung." (ebd., 158) Der Imperativ formuliert Regeln jedweder Art, z.B. in Form von juristischen Gesetzen, moralischen, ethischen, religiösen oder praktischen Geboten. Imperative basieren auf Instanzen, also letztlich auf Institutionen, die offiziell diese Gebote aufzustellen vermögen. „Der rituelle Imperativ bildet den primären Stabilisationskern des Bewußtseins [...]: im Ritus wird das Nochdasein der Vergangenheit festgehalten, und dies ist die primäre Form des Zeitbewußtseins" (ebd., 159). Die Institution fungiert also als Gedächtnis der Gesellschaft, ohne die Institution geht die Idee verloren, die sie gestiftet hat: „Wesenheiten sind so lange mehr als bloße Vorstellungen, wie sie vom Ritus her gestützt werden, oder allgemein gesagt: der ‚Ideengehalt' einer Institution verselbständigt sich mit ihr oder zerfällt mit ihr." (ebd.) Ob und inwiefern dabei die Entstehung von Modifikationen der Institutionen möglich ist, wird nicht behandelt.

In Form von Imperativen stabilisiert sich die Handlungs- und Denkvorgabe im Bewusstsein. Das heißt weiter, dass die ursprüngliche komplexe Situation, in der die Idee einer Institution sich entwickelte, ebenso wie der Imperativ selbst vom Imperativ verdeckt wird. „Dann gilt erstens, daß er alle Determinanten des Verhaltens, von den instinktiven bis zu den höchsten, *für das Bewußtsein abdeckt*, außer sich selbst. Die Irrationalität, die Instinktverwurzelung, die innere gegenseitige Erlebnisspiegelung usw. eines Tuns sind verdunkelt, wenn man aus einem Imperativ handelt, sie verschwinden zugunsten des Bewußtseins seines eigenen Inhalts. Diese Abdeckung ist rigoros, die Funktion der Abdeckung wird selbst abgedeckt, das Bewußtsein der Vorentschiedenheit der Handlung und ihres Verpflichtungsgehaltes genügt sich selbst, vorausgesetzt, daß es nicht das ausschließt, was der Instinkt auch tun würde." (ebd.) Weiterhin verdunkelt der Imperativ die Modifikationsmöglichkeiten, den Teil des Intellekts, der kritisch die Idee der Institutionen auf ihren Sinn und die Variationsmöglichkeiten hinterfragt und mit ihnen experimentieren könnte: „die analytische, verlagernde Ratio gegenüber dem Gegenstand, also gegenüber der Wesenheit und dem Sollverhalten zu ihr, wird gehemmt, nämlich jenes experimentell-verlagernde Denken, das sein Objekt in Gedanken variiert, dekomponiert und unter wechselnde Bedingungen setzt, also das auf die Wertpraxis zugeschnittene rationale Verhalten." (ebd., 159f)

Weiterhin hat der Imperativ die Eigenschaft, dass er einerseits einen Konsens bezüglich der Handlungsweisen zwischen Personen herstellt und die Subjekte so in ihren sozialen Interaktionen von der Unsicherheit bezüglich des Verhaltens ihres Gegenübers befreit. Die Reaktionen werden vorhersehbar, das institutionalisierte Verhalten überdeckt zudem zufällige Gemütszustände, die so in den Aktionen nicht mehr zum Tragen kommen.

„Diese soziale Vermittlung des Imperativs ist ebenfalls abgedeckt, er gilt schlechthin, er entlastet die Person von der Unsicherheit über das Verhalten des Anderen ebenso, wie von den Variationen zufälliger Befindlichkeiten Stimmungen und Affekten, er überbrückt sozusagen die ganze Sphäre von Motiven und Gegenmotiven und setzt sich unmittelbar als Handlung fort." (ebd.,160)

Somit ersetzt der Imperativ die Sicherheit, die beim Tier der Instinkt hervorbringt, und „garantiert eine hohe Selektivität und Exklusivität des Verhaltens in Bezug auf den Gegenstand, wie sie im echten Instinkt auch besteht, aber gerade beim Menschen verunsichert ist." (ebd.) Gehlen ersetzt also schlicht den Instinkt durch einen dem Instinkt letztlich sehr ähnlichen Faktor, nämlich den Imperativ. Er lässt sich zwar ausgiebig über die Unterschiede zwischen Instinkt und Imperativ aus (vgl. ebd., 160f), kann allerdings nicht verdecken, dass etwas dem Instinkt Ähnliches, hier Imperativ genannt, durch die Hintertür wieder in die Diskussion eintritt.

Hat er keine zwei Seiten zuvor noch von der Funktion der Abdeckung des Imperativs gesprochen, davon, dass „die analytische, verlagernde Ratio gegenüber dem Gegenstand, also gegenüber der Wesenheit und dem Sollverhalten" (ebd., 159f) gehemmt wird, so führt er am Beispiel Augurs Interpretationsspielräume an, die der Imperativ bei Beibehaltung des

Kerngedankens lässt: Augur, der trotz der eigentlich eindeutigen Zeichen, die ihn dem Imperativ nach zur Umkehr zwängen, definiert diese Zeichen kurzerhand um und zieht ins Feld, da er sonst eine aufgrund der günstigen Ausgangskonstellation siegreiche Chance verpasst hätte. (vgl. ebd., 161f) „Die auf den Einzelnen fallende Verantwortung, sich recht zu verhalten, hängt an der abstrakten Prägnanz der Formel, deren hochkomplizierten Bedingungen abgedeckt sein müssen, wenn es überhaupt zum Handeln kommen soll, die aber die Situationsbedingungen vernünftigen Handelns stillschweigend einrechnet." (ebd., 162)
Je nach Gunst kann der Imperativ also variiert werden und die Interpretationsformen können stark voneinander abweichen, so dass sich die Frage nach der tatsächlichen Verbindlichkeit bzw. der Rigidität von Imperativen erneut stellt.

Abgesehen davon, dass seine Theorie auf der Instinktentbundenheit als Fundament aufbaut und er unter Verwendung eines ‚Etikettenschwindels' plötzlich doch in Form von Imperativen einen dem Instinkt sehr ähnlichen Faktor in die Diskussion einbringt, spricht Gehlen hier ein aus bestimmten komplexen Strukturen heraus entstehendes Phänomen an, das Marx (allerdings in anderer, erklärender Ableitung) unter dem Begriff Verdinglichung analysiert hat.
In Gehlens Ausführungen zum Imperativ wird eines sehr deutlich: ein Phänomen, das ohne Einschränkung auch als politisches betrachtet werden kann und müsste, gelangt hier aber nicht auf diese Ebene der Diskussion. Im Gegenteil: seine Her- und Ableitungen verbleiben unkritisch und ideologisch. Ein wichtiger Aspekt des Themas ‚Rigidität', nämlich die Ausübung von Herrschaft zur Wahrung bestimmter Interessen durch Institutionen, wird von ihm außer acht gelassen. Er weicht auf die Ebene des geradezu naturwüchsigen Sollwertes aus und so kann die Diskussion an diesem Punkt nur erstarren. Damit verbleibt Gehlen auf einer die Institutionen und gleichzeitig auch die politische Ordnung bestätigenden Ebene, ohne sich überhaupt auf eine kritische Auseinandersetzung ein-

zulassen, was für ihn von diesem Standpunkt aus selbstverständlich nicht mehr möglich ist.

Selbst innerhalb seines Rahmens verbleibend schließen sich an sein Theoriegebäude Fragen an, wie z.b. die nach der Funktionstüchtigkeit von Institutionen. Werden, wenn Gesellschaft sich entwickelt und damit (auch nur geringfügig) verändert, die Institutionen überhaupt noch in ihrer ursprünglichen Wesenheit benötigt oder anders: werden sie ihrer Entstehungsidee noch gerecht? Von gesellschaftlichem Wandel und unverändertem Fortbestand der Institutionen ausgehend schließt sich die Frage an, ob die Institutionen sich dann nicht nur noch um ihrer selbst willen am Leben erhalten, ohne dass sie eine Funktion erfüllen. Und letztlich aber sehr entscheidend: welche und wessen Interessen setzten sich in und durch Institutionen um? Erhalten sie sich dann tatsächlich um ihrer selbst willen?

Weitere Fragen weisen über den von Gehlen gesetzten Rahmen hinaus: Braucht der Mensch überhaupt Institutionen? Wenn ja, welche Grenzen sollten ihnen gesetzt sein? Unter welchen Bedingungen ist es möglich, die Eigenschaft der Herrschaftsausübung von Institutionen auf die Rolle der Verwaltung von Dingen zu reduzieren? Was kann die Analyse der Rolle von Institutionen in einer Gesellschaft über ihren Zustand und den Grad der Verdinglichung anzeigen?

Auffällig ist, dass Gehlen, sobald er sich den Fragen nähert, die sein Theoriegebäude verlassen könnten, die Diskussion abbricht. Hier ein Beispiel: In dem Abschnitt über ‚Arbeitsteilung, Institutionen' lässt er sich in „Urmensch und Spätkultur" (1964, 34) über die Arbeitsteilung aus und führt ein Zitat von Marx an: „„Die gesellschaftliche Teilung der Arbeit macht seine Arbeit ebenso einseitig, als seine Bedürfnisse vielseitig' (Das Kapital, I, 3). Der Vorgang der Arbeitsteilung hat eine rationale äußere Zweckmäßigkeit, die sich einfach in dem Mehr an Produktion ausweist."

Ihm geht es um die Unterscheidung zwischen ursprünglichen Entstehungsgründen und der Motivation, die Institution dann am Leben zu erhalten; denn „die Entstehungsgründe einer Institution sind in der Regel sehr andere als diejenigen, warum man sie konserviert." (ebd.) Wenige

Sätze später bricht er seine Annäherung an mögliche übergeordnete Zusammenhänge wieder ab: „Hier begegnen wir wieder der Trennung von Motiv und Zweck, es ist dies eine für die gesamte Kulturtheorie deswegen grundlegende Unterscheidung, weil wir uns heute die Entstehung von Institutionen kaum anders vorstellen können, denn als rationale Vereinbarungen. Dieser Gesichtspunkt versagt aber bei jenen elementaren Institutionen, wie der Arbeitsteilung, die deshalb rätselhaft bleiben." (ebd.)

Das angeführte Zitat von Marx lässt zunächst kurz die Hoffnung aufkeimen, dass endlich der bisher vermisste übergreifende Zusammenhang politökonomischer Art hergestellt wird, die aber bald enttäuscht wird, als er schon von Vornherein eine Trennung zwischen Motiv und Zweck vornimmt, die eben diesen Denkschritt verbietet, Gehlen aber erlaubt, seine Logik beizubehalten.

So geht er auch dem Gedanken an politische Handlungsfähigkeit des Subjektes aus dem Weg. Er befasst sich zwar mit dem Begriff der Handlung, jedoch verbleibt auch diese Auseinandersetzung eindimensional und beschränkt sich auf ein begrenztes Verständnis vom Begriff der Handlungsfähigkeit, da ihr politischer Aspekt außer acht gelassen wird.

Daraus folgt dann, dass sein Gesellschaftsbegriff ebenfalls ein statischer ist, denn mit der Ausklammerung des Gedankens an ein politisch emanzipiertes Subjekt wird auch der Gedanke an Veränderbarkeit oder Veränderung von Gesellschaft aus dem Blickfeld gerückt. Die Institutionen erscheinen in seinen Ausführungen als Personifizierungen mit seltsam anmutendem Eigenleben und nicht als von Menschen geschaffene und betriebene politische Strukturen. Dass Institutionen dem Menschen tatsächlich, obwohl von ihm selbst geschaffen, scheinbar als fremde Macht gegenübertreten, ist nicht abzustreiten, aber mit der Marxschen Analyse zu erklären. Bei Gehlen jedoch sind die greifbaren übergeordneten ökonomischen Strukturen durch eine in ihrer Herkunft und Daseinsform geisterhaft bleibende „idée directrice" ersetzt, die allerdings die Möglichkeit bietet, innerhalb seines Theoriegebäudes verbleiben zu können, ohne auf reelle Verursachungszusammenhänge abzuzielen.

Hauck (1992, 208) erklärt die Sichtweise Gehlens auf das Verhältnis zwischen Mensch und Institution für „absurd": „die Würde des Menschen dagegen liegt darin, sich - wie die Angehörigen der archaischen Kulturen - ‚mit Haut und Haaren... von den geltenden Institutionen konsumieren zu lassen' [...] die Dinge ‚unerklärt stehen zu lassen' [...], statt endlos zu kritisieren und zu problematisieren (vgl. ders. 1973, 144). Das erscheint mir absurd, aber ich sehe nicht, wie ich ihm dies mit auch *für ihn* zwingenden Argumenten klarmachen könnte." Hauck (ebd., 209) schlussfolgert: „Das in sich geschlossene und (weitgehend) widerspruchsfreie antiuniversalistische Weltbild eines Gehlen ist nicht die Weltsicht der archaischen Gesellschaften, sondern [...] das Konstrukt eines schon ex professione auf logische Konsequenz verpflichteten Intellektuellen."

Diese Geschlossenheit seines Weltbildes erreicht Gehlen, indem er das Posthistoire diagnostiziert, was meint, dass die Geschichte an ihrem Ende angekommen ist und die politischen sowie sozialen Strukturen erstarren, da alle darin angelegten Möglichkeiten sich zum Optimum entwickelt haben. Häufig ist auch von Kristallisation die Rede: „Ich fand ihn (den Begriff der ‚kulturellen Kristallisation', A.W.) aber brauchbar und würde vorschlagen, mit dem Wort Kristallisation denjenigen Zustand auf irgendeinem kulturellen Gebiet zu bezeichnen, der eintritt, wenn die darin angelegten Möglichkeiten in ihren grundsätzlichen Beständen alle entwickelt sind. Man hat auch Gegenmöglichkeiten und Antithesen entdeckt und hineingenommen oder ausgeschieden, so daß nunmehr Veränderungen in den Prämissen, in den Grundanschauungen zunehmend unwahrscheinlich werden." (Gehlen, 1963, 321)

Gemeint ist ein Prozess, der in der weltweiten Durchsetzung der technischen-industriellen Zivilisation ans Ende seiner qualitativen Entwicklung kommt und an einem Punkt erstarrt, an dem sich die bestehenden Verhältnisse lediglich selbst reproduzieren. Ein Eingreifen des Menschen in die Kristallisation, also jedes Selbstverständnis von politischer Handlungsfähigkeit sei eine geistige Haltung, die jetzt der Vergangenheit angehöre.

„Zuerst hat sich gezeigt, daß die Realisierung von Ideen, also die Zu-rechtbiegung der Wirklichkeit derart, daß sie der Reinheit der Idee ähnelt, stets ein Vorhaben ist, bei dem es blutig zugeht. Die Wirklichkeit fügt sich nicht dem Ideal, das sich deswegen an ihr rächt." (ebd., 316)

Hier entblößt Gehlen ein auch von Hauck angesprochenes problemati-sches Verständnis von Philosophie: Zum einen belegt dieser Ausspruch, dass seiner Meinung nach keine direkte lebenspraktische Verbindung zwischen Philosophie und tatsächlicher Alltagswelt besteht. Philosophie wird nicht als potentielle theoretische Analyse faktischer komplexer Le-bensumstände und als zumindest gedankliche Alternativen bergende oder hervorbringende Wissenschaft gedacht. Weiterhin spricht Gehlen von der „reinen Idee", was verrät, dass er den Gedanken der Dialektik und damit das Denken an und in Widersprüche/n aus seinem Begriff die-ser Wissenschaft verbannt hat. Hier entsteht wiederum der Eindruck ei-nes eindimensionalen Weltbildes, aus dem ein universalistischer Blick ausgeklammert wird.

Lässt man sich auf sein Argumentationsgebäude und die ihm eigene Lo-gik ein, wird auch seine Forderung, nicht mehr „endlos zu kritisieren und zu problematisieren" (s.o.) fast verständlich, denn dann ginge es nicht mehr um kritische Analyse und das Denken an mögliche Alternativen, sondern tatsächlich nur um „Zurechtbiegung der Wirklichkeit" (s.o.). In seinem Rahmen verbleibend, könnte man in der Tat den Schluss ziehen, Realität als gegeben anzunehmen und zu belassen. Daraufhin stellt sich die Frage, welchen Sinn die Philosophie und, allgemeiner gedacht, Den-ken noch für sich beanspruchen kann, wenn das Schicksal und die Be-stimmung des Menschen darin liegt, die Umstände, in die er hineingebo-ren wird, bestmöglich zu überstehen und im Sinne des Systems zu funk-tionieren. In dieser Gehlenschen Konstellation von Institutionen, die Men-schen konsumieren, die sich wiederum gedankenlos, großzügig und frei-mütig von Institutionen konsumieren lassen, wird das (philosophische) Denken zumindest in dialektischer und kritischer Weise überflüssig.

Das Postulat der Kristallisation geht davon aus, „daß die kulturellen wie zivilisatorischen Muster (und Prinzipien) der Lebenserhaltung (wie -

organisation) soweit entwickelt sind", dass sich nichts wesentlich Neues mehr herausbilden wird. „Zwar gebe es noch Fort- und Weiterentwicklungen im Rahmen dieser kulturellen Muster und Grundprinzipien", die beschränken sich allerdings auf Verbesserungen des schon bestehenden Systems. Die Veränderungen wären also nicht solche, die zur Umkehr oder strukturellen Veränderung der Verhältnisse führen, sondern würden, im Gegenteil, zur Erhaltung beitragen (Rotermundt, 1994, 132). Der „Buntheit, Fülle und Wandelbarkeit der umspielenden Erscheinungen" testiert Gehlen die Funktion der Verschleierung der eigentlichen Stagnation der grundlegenden Verhältnisse (vgl. Gehlen, 1963, 322).

Gehlen zieht aus seiner Diagnose folgende Schlüsse: Wie schon das obige Zitat andeutet, prognostiziert er eine Stagnation der innerhalb eines bestimmten Rahmens beschränkten politischen Entwicklung, zweitens wird die Industrialisierung ihren Triumphzug weltweit vollenden und außerdem wird die Wissenschaft und die Gesellschaft nicht gefordert werden, nach (politischen) Alternativen zu suchen, in seinen eigenen Worten, „'wird man vergeblich auf einen Großappell warten, der unsere Begeisterung und Kampfkraft auf geistigem Gebiet aufruft.'" (Gehlen zit. n. Rotermundt, 1994, 132)

Auf der Ebene der Beschreibung der beobachtbaren gesellschaftlichen Entwicklung mag man geneigt sein, Gehlen zuzustimmen. Soweit ist seine Beschreibung von der Kristallisation und der im Verschwinden begriffenen (wie er es nennt) „großen Schlüsselattitude" (Gehlen, 1963, 314), die Postmodernen sprechen hier von ‚großen Erzählungen', in sich komplex und glaubhaft. Wenn Gehlen von Schlüsselattitude spricht, bezieht er sich auf den Anspruch von wissenschaftlichen Theorien, universalistische Analysen zu liefern. Er zieht hier den Vergleich zur Religion, deren Funktion er mit der der Schlüsselattitude in Verbindung bringt. „Solche Weltanschauungen dienten als Ersatzreligion, sie waren ja auch fast immer atheistisch." (ebd., 314) In diesem Atemzug nennt er die Psychoanalyse Freuds, Marx und Nietzsche: „Da man an der Popularisierbarkeit von Wissenschaften noch keinen Zweifel hatte, so lag darin zugleich der Anspruch einer geistigen Neuorganisation der Gesellschaft, also ein mis-

sionarischer. Das hatte von der Philosophie her Nietzsche versucht, dessen Entwurf die Biologie und Physik bis zur Kultur- und Religionsge-
schichte umgriff, und der, mit ungemeiner Geschicklichkeit an jede Zeit-
aktualität anknüpfend, aus diesen Motiven heraus nun ein gegenchristli-
ches Bekehrungspathos auflud. Es stellt ein deutliches Beispiel für das
dar, was ich eben hier in dieser Überlegung als geschichtlich vergangen
und nicht mehr wiederherstellbar beschreiben will, nämlich für die ‚große
Schlüsselattitude', d.h. ein Unternehmen, das aus einer Gesamtschau
heraus eine Weltinterpretation und darin eine einleuchtende Handlungsanweisung geben möchte." (ebd., 313) Abgesehen davon, dass Nietzsche mit seiner Forderung nach dem seine (u.a. politische) Welt nach eigenen Ideen selbst aktiv gestaltenden Übermenschen eben den Gegen-
beweis dafür liefert, dass es ihm um konkrete Handlungsanweisungen
geht, stellt sich die Frage, was Gehlen von den von ihm so scharf kriti-
sierten Denkern in eben jenen Punkten unterscheidet. Denn letztlich liefert auch er auf seiner ihm eigenen Ebene, aus seinem Blickwinkel, ein
Theoriegebäude, „das aus einer Gesamtschau heraus eine Weltinterpretation und darin eine einleuchtende Handlungsanweisung geben möchte"
(ebd.). Der wesentliche Unterschied zwischen ihm und den von ihm kriti-
sierten Denkern besteht darin, dass er, im Gegensatz zum Beispiel zu
Marx, die bestehende Ordnung nicht verlässt, sondern sich ganz im Sinne desjenigen, der seinen Institutionen dient, mit den Gegebenheiten be-
gnügt. Seine (unausgesprochene) ‚Handlungsanweisung' besteht folglich
darin, sich mit Haut und Haaren den Institutionen auszuliefern und auf ihr
Objekt reduzieren zu lassen. Was ihn also u.a. von Marx unterscheidet,
ist die Fähigkeit zum erweiterten und gegebenenfalls kritischen Blickwinkel. Allerdings erübrigt sich eine derartige Kritik sofort wieder, denn Gehlen verfolgt von Vornherein nicht diesen Anspruch und insofern möchte
man Hauck zustimmen, der sagte, dass er keinen Weg sehe, mit Gehlen
eine Argumentationsebene zu finden, auf der ihm diese Kritik verständlich
zu machen sei (s.o.).

Ein weiteres Beispiel für das Zutreffen seiner Thesen auf der deskriptiven
Ebene ist seine Prognose bezüglich der Rolle der Wissenschaft: „Die

Wissenschaften erhalten damit denselben Stil, der in der modernen Gesellschaft, vor allem in der Wirtschaft, in der Verwaltung und in der Politik überall obwaltet." (ebd., 318) Auf der nächsten Seite heißt es: „So verhält es sich mit allen praktikablen Wissenschaften, sie alle arbeiten eingegossen in die Superstruktur des gesellschaftlichen Zusammenhangs." (ebd., 319) Was z.b. mit den Begrifflichkeiten wie Wert, Konkurrenz und Verdinglichung radikal analysierbar wäre, wird lediglich beschrieben, als Konstante gesetzt und zudem noch durch den Begriff des Posthistoire zum Optimum erklärt.

Fast schon zynisch mutet Gehlens ausgangs formulierte Frage an: „Schließlich das größte Fragezeichen: mit welchen Leitgedanken wollen wir eigentlich diejenigen unter uns ausrüsten, die von hier aus oder an Ort und Stelle die konkrete Verantwortung übernehmen sollen?" (ebd., 327) Vorausgesetzt man nimmt sein Theoriegebäude durchgängig ernst, gäbe es nur eine Antwort: Leitgedanken werden da überflüssig, wo ein bestehendes System sich selbst reproduziert, denn nach seiner eigenen Theorie werden die Institutionen sich über die Menschen hinwegsetzen und für ihren Selbsterhalt sorgen. Wozu also noch Denken? (Ein Gedanke mag den Leser beschleichen: dass der von Gehlen in dieser Weise definierte Imperativ mit seiner Funktion der Abdeckung bei ihm selbst voll zur Entfaltung gekommen ist – wie bei jeder Ironie: cum grano salis.)

Gehlen und die ‚Masse'

Gehlens Verständnis (‚restringierter' bis zu ‚restringierender') menschlicher Gestaltung sozialer Umwelt, seine (Über-)Betonung und Rechtfertigung von ‚Kristallisierung', dabei natürlich seine Institutionenlehre, zumal aber sein spezifisches Konzept der Weltoffenheit des Menschen (gerade in „Der Mensch. Seine Natur und seine Stellung in der Welt.") wurde kontrovers rezipiert und „reicht von einer ordnungspolitischen Sozialtheorie bis zur Perspektive einer Verminderung undurchschauten Zwangs und nicht legitimierbarer Repression." (Rolshausen, 2001, 178) Schärfer fällt die Kritik aus, wo die „Übernahme der Aufgaben der faschistischen Theorie durch die Institutionenlehre" Gehlens nachgewiesen wird (Kuhn, 1974, 29). Sein Buch „Der Mensch" erschien erstmals 1940; es erfuhr nach 1945 zahlreiche Neuauflagen, in denen ‚problematische' Stellen und Begriffe (z.B. „völkisches Zuchtbild", „germanische Charakterwerte") eliminiert waren. Als 1956 mit „Urmensch und Spätkultur" seine Institutionenlehre veröffentlicht wurde, fehlten die Passagen, „die einen autoritär kontrollierten Institutionalismus anrufen. Seine prekäre Akkomodation mit dem faschistischen Regime hat aber Gehlens Wirkung erst ab 1965 beeinträchtigt". (Milz, 2001, 180)

Dieser Hintergrund mag erhellen, warum er zeitdiagnostisch die „moderne Reflexionssubjektivität" (Gehlen), die er für den Institutionenverfall verantwortlich machte, so heftig befehdete; denn, so ist seine Argumentation zusammenzufassen, im „Zuge des Entlastungsprozesses in der mikro-makro-institutionellen Verschränkung werden Antriebsenergien einerseits in Führung genommen, andererseits aber gerade dadurch immer weniger selbst für Stabilisierungszwecke beansprucht, wodurch die Möglichkeit der Verfolgung höherer, seinstranszendenter Vollzüge ebenso gegeben ist, wie die des Abgleitens in einen von Gehlen als Faktum beklagten Subjektivismus, der sich auf dem Gebiet der Moral als Humanitarismus zu erkennen gibt. Gerade die ‚spirituelle Subjektivität' ist es jedoch, die, wie Apel vorbringt, historische Entwicklung im Sinne des Institutionenwandels je nach den begleitenden Umständen im Zuge von Reform oder Revolution bewirkt." (Gelis, 1974, 193) Auf dem Hintergrund seiner Lehre muss Gehlen solcher auf historische Entwicklung zielenden Subjektivität ablehnend gegenüberstehen, vor allem unter der Perspektive, dass sie sich in einem traditionsentbundenen ‚Kollektivsubjekt' formiert. Die Rede ist von der ‚Masse' im sozialwissenschaftlichen Verständnis und es erstaunt darum zunächst, dass Gehlen zur deutschen Ausgabe von „The lonely crowd" (1956) von David Riesman eine wohlwollende Kritik schrieb (vgl. auch zum folgenden König, 1992, 256ff). Jener „außengeleitete Mensch" der amerikanischen Konsumkultur, so Riesman, dessen Epoche begonnen habe, und „Gehlens Askese- und Zuchtideale" (ebd., 257) scheinen mit diesem Massentypus inkompatibel.

Er bleibt gegenüber Riesman auch skeptisch und sieht zunächst nicht, „wie der Mensch mit seiner mangelhaften natürlichen Ausstattung ohne eine Kultur, ‚die wesentlich aus der Vergangenheit und Tradition lebt' [Zit. Gehlen; A.W.], existieren kann." (ebd., 257) Das auch scheint der springende Punkt, weshalb sich Gehlen mit der nationalsozialistischen Ideologie arrangieren konnte, deren ‚spirituelle Subjektivität' (wenn überhaupt) auf Vergangenheit und traditionell (verklärend) orientiert war, dabei den Halt in und durch Institutionen (so auch dem ‚Führer') betonend, womit insgesamt garantiert ist, was eine stabile Gesellschaft braucht, nämlich „Dauer, Gemeinsamkeit und Sicherheit" (Gehlen, 1949, 43). Ganz in diesem Sinne warnt er dann noch in „Anthropologische Forschung" (1961, 59): „Wenn die äußeren Sicherungen und Stabilisierungen, die in den festen Traditionen liegen, entfallen und mit abgebaut werden, dann wird unser Verhalten entformt, affektbestimmt, triebhaft, unberechenbar, unzuverlässig. Sofern nun auch normalerweise der Fortschritt der Zivilisation abbauend wirkt, nämlich Tradition, Rechte, Institutionen schleift, insofern vernatürlicht er den Menschen, primitivisiert ihn und wirft ihn zurück auf die natürliche Unstabilität seines Instinktlebens." Doch auch für Gehlen scheint das Thema ‚Masse' als politisch agierendes Subjekt wie auch im Sinne einer entwurzelten und folgebereiten beendet, immerhin (bezeichnet als) das „*thema probandum* der Zivilisationstheorie in den letzten 200 Jahren" (König, 1992, 266), und dies vermittels und dank des ‚posthistoire' (s.o.), zentrales Kennzeichen der modernen Gesellschaft, „die alle Voraussetzungen ihres Existierens in sich hineingenommen hat. Sie lebt aus sich selbst und ist nicht mehr auf fremde Bedingungen, auf Tradition, Vorrationales und Gewachsenes angewiesen." Es scheint, als würde sich Gehlen trotz all seiner - konservativen - Kritik ‚arrangieren' können, wenn er erleichtert eine gewisse Stabilisierung konstatiert, „daß das Chaos der Konflikte, Stimmen und Programme des 19. Jahrhunderts nun mehr vorbei und die Welt wieder ‚überraschungslos' [...] geworden ist. ‚Massenemotionen' [...] und ‚massenideologische Potentiale' [...] spielten keine politische Rolle mehr. Gesellschaftsentwürfe zur Veränderung der Welt seien angesichts der Großinstitutionen, zu der sich die Gesellschaft entwickelt hat, reines Wunschdenken." (ebd., 258f) Insofern konnte Riesmans ‚außengeleiterter Mensch' auch kein Stein des Anstoßes für ihn werden, ein harmloser ‚Massentypus' im Zeitalter des ‚posthistoire', mit dem für Gehlen das Thema ‚Masse' alter Provenienz beendet ist.

Marx und der falsche Schein der Verhältnisse
Zusammenfassendes über Widersprüche im gesellschaftlichen
Sein und gesellschaftlichen Bewusstsein

Wie sich innerhalb einer kapitalistischen Ökonomie die gesellschaftlichen
Verhältnisse ,durch den Menschen hindurch' verselbständigen, wurde
eingangs entlang kategoriell-kernstruktureller Bestimmung skizziert. Wie
sich für den Zweck gesellschaftlicher Integration „organische Solidarität"
unter welchen Bedingungen und mit welcher Problematik herausbildet
(Durkheim), wie das moderne Individuum in der Ummantelung durch
„neue Fremdheit" und ambivalent eingelagerten ,Chancen' herausbildet
(Simmel), was aus Differenzierung gesellschaftlicher „Wertsphären" folgt
und in welchen Zusammenhang sie zu stellen sind (Weber), was „Institutionen" im Hinblick auf gesellschaftliche Integration und auch im Hinblick
auf menschliches Handeln und Verhalten bedeuten (Gehlen), suggeriert
summa summarum eine (mehr oder minder große) Übermacht von Gesellschaft gegenüber einer politischen Handlungsfähigkeit, mit der aus
Gesellschaft hervorgehende und sie stabilisierende Macht und Herrschaft
(letztlich immer von Menschen über Menschen) im historisch-epochalen
Prozess aufgehoben werden könnte. Hier ist bewusstseinstheoretisch
anzuschließen. In der bekannten These von Marx heißt es:
„Die Produktionsweise des materiellen Lebens bedingt den sozialen, politischen und geistigen Lebensprozeß überhaupt. Es ist nicht das Bewußtsein der Menschen, das ihr Sein, sondern umgekehrt ihr gesellschaftliches Sein, das ihr Bewußtsein bestimmt." (Marx, 1974, 9) Zunächst
könnte man sich etwa an die Argumentation Gehlens erinnert fühlen
(fälschlich dann), an seine Begriffe von Institution und Imperativ. Was bei
Gehlen als geradezu naturwüchsiges, der Welt von einer nicht definierten
Macht übergestülptes Verhältnis den nicht überwindbaren Schlusspunkt
gesellschaftlicher Entwicklung setzt, stützt sich bei Marx argumentativ auf
reelle Lebensnotwendigkeiten und Verhältnisse. Die konkrete Art und
Weise der gesellschaftlichen Produktion und der daraus hervorgehenden

lebensnotwendigen, aber spezifischen Entäußerung sind für ihn die das Bewusstsein grundlegend bestimmenden Größen: „Was die Individuen also sind, das hängt ab von den materiellen Bedingungen ihrer Produktion." (Marx, 1969b, 21)

Staatsformen sind für ihn nicht aus ihrer eigenen Logik heraus zu verstehen. Individualität und menschlicher Geist sind keine abstrakten, gänzlich unabhängigen oder lediglich von genetischer Disposition oder metaphysischen Konstrukten bestimmte isolierte Einheiten im Menschen. In einer These über Feuerbach formuliert Marx dies folgendermaßen: „Aber das menschliche Wesen ist kein dem einzelnen Individuum inwohnendes Abstraktum. In seiner Wirklichkeit ist es das ensemble der gesellschaftlichen Verhältnisse." (Marx, 1969a, 6)

Was in der soziologischen Literatur unter dem Begriff der Ideologie diskutiert wird, beziehen Marx und Engels auf konkrete Lebenszusammenhänge. Hier geht es nicht um die Feststellung von falsch und richtig, wahr oder unwahr, oder eine aus dem Zusammenhang gerissene Grundsatzdiskussion, zu welcher Leistung das Bewusstsein in der Lage sei.

Die Leistung der Kritik des bürgerlichen Bewusstseins durch Marx und Engels liegt darin, dass sie es von den es bestimmenden Strukturen ableiten und auf reelle Lebensumstände und -bedingungen zurückführen. Interessen und Macht und Herrschaft spielen hier ebenso eine Rolle wie die historische Entwicklung dieser Strukturen. Macht und Herrschaft werden dabei nicht nur durch die herrschende Klasse ausgeübt, sondern über die Begriffe Entfremdung und Verdinglichung wird auch das Individuum als Träger der verdinglichten Strukturen und in diesem Sinne handelndes einbezogen. Es ist nicht das chancenlose Opfer seiner Verhältnisse, das sich bedingungslos anpassen muss und auch nicht das für andere Möglichkeiten blinde Wesen, dass sich gegebenen Bedingungen fraglos unterordnet. Das Individuum wird als eines vorausgesetzt, dass zwar unter dem Einfluss der vorhergehenden Geschichte und Generationen, aber dennoch selbst seine Geschichte macht. Damit geht es also in der marxschen Theorie auch um die Analyse von Bedingungen der Bewusstseinsbildung, eingebettet in eine ‚ganzheitliche Betrachtungsweise'.

Das Erkennen der gesellschaftlichen Realität ist dem Individuum von diesem Blickwinkel aus zumindest potenziell möglich (s.o.).

Die besonderen Arbeits- und Lebensbedingungen einer kapitalistischen Wirtschafts- und Gesellschaftsform haben Entfremdung und Verdinglichung zur Folge und nehmen Einfluss auf die Vorstellungen, welche Individuen von ihrer persönlichen und ihrer gesellschaftlichen Lebenssituation haben. Der Definition des verdinglichten Bewusstseins muss eine Vorstellung vom ‚reellen' Bewusstsein gegenüberstehen, welches sich für Marx nur auf der Basis (und im Hinblick auf) menschenwürdiger Bedingungen entwickeln kann. Um menschenwürdige Bedingungen definieren zu können, muss wiederum ein bestimmtes Menschenbild entwickelt werden, das sich in der Geschichte über die Auseinandersetzung der Klassen herausbildet.

„Das Reich der Freiheit beginnt in der Tat erst da, wo das Arbeiten, das durch Not und äußere Zweckmäßigkeit bestimmt ist, aufhört; [...] Die Freiheit in diesem Gebiet kann nur darin bestehn, daß der vergesellschaftete Mensch, die assoziierten Produzenten, diesen ihren Stoffwechsel mit der Natur rationell regeln, unter ihre gemeinschaftliche Kontrolle bringen, statt von ihm als von einer blinden Macht beherrscht zu werden; ihn mit dem geringsten Kraftaufwand und unter den ihrer menschlichen Natur würdigsten und adäquatesten Bedingungen vollziehen. Aber es bleibt dies immer ein Reich der Notwendigkeit." (Marx, 1970, 828)

Wie diesem Zitat zu entnehmen ist, liegt die Vorstellung von Individuen zu Grunde, welche zwar (um zu überleben) der Notwendigkeit der Arbeit und Reproduktion unterliegen, diese aber, sich der Funktionsweise und Strukturen ihres (ökonomischen) Handelns bewusst, selbständig und gemeinschaftlich zu organisieren in der Lage sind. Marx stellt unter den Begriffen Entfremdung und Verdinglichung Prozesse der Verzerrung des Bewusstseins heraus, die zu Entwicklung des falschen Bewusstseins führen (können). In Folge der Dominanz des Tauschwertes gegenüber dem Gebrauchswert bei zu Grunde liegender Vereinheitlichung des Wertes der Arbeit kommt es zur Entfremdung des Produzenten von den Produkten seiner Arbeit, von seiner Tätigkeit, von sich selbst und sich als Gattungswesen (vgl. Marx, 1968, 50ff). Die Dingförmigkeit der Arbeit überträgt sich auf das gesellschaftliche Verhältnis der Menschen selbst und schließlich auf das Denken und die Vorstellungen. Der Tauschwert wird nicht mehr in seinem konstruierten Ursprung erkannt, er erscheint im Gegenteil als eine dem Produkt naturwüchsig zugehörige Konstante. Eine scheinbare Selbständigkeit bemächtigt sich der Waren und Lebensverhältnisse, die dem Individuum als scheinbar fremde Macht gegenüber treten – von Marx „Fetischismus" genannt. Was tatsächlich ein Zusammenhang der Kooperation, des Handelns und Wirtschaftens ist, erscheint als sachliche Verhältnis von Dingen: „[...] so versteht es sich ganz von selbst, daß in den Köpfen der kapitalistischen Produktions- und Zirkulationsagenten sich Vorstellungen über die Produktionsgesetze bilden müssen, die von diesen Gesetzen ganz abweichen, und nur der bewußte Ausdruck der scheinbaren Bewegung sind." (Marx, 1970, 324) Daraus ist zu schließen, dass Marx nicht die Anschauungen oder Vorstellungen an sich als falsch bezeichnet. Es ist vielmehr so, dass sich im ‚bürgerlich-kapitalistischen' Bewusstsein der Schein der Verhältnisse wiederspiegelt. Die Vorstellungen werden von den Strukturen zwar erzeugt, aber es braucht mehr als nur die Strukturen, um sie im Bewusstsein zu manifestieren. Erst die Reproduktion durch den Menschen, indem er den Verhältnissen gemäß handelt und sich verhält, lässt die falschen Verhältnisse ‚real' werden und sich im Bewusstsein verfestigen.

Die auf diese Weise entstandenen falschen Vorstellungen lassen sich anhand verschiedener Merkmale kennzeichnen, die allerdings eng miteinander verwoben sind, so dass sie nur schwer voneinander abzugrenzen sind:

Eines dieser Merkmale ist, wie auch schon aus dem Verdinglichungsbegriff hervorgeht, die scheinbare Abgetrenntheit des menschlichen Bewusstseins von den gesellschaftlichen und historischen Bedingungen seiner Existenz. „Hier scheinen die Produkte des menschlichen Kopfes mit eignem Leben begabte, untereinander und mit den Menschen im Verhältnis stehende selbständige Gestalten." (Marx, 1971a, 86) Es sind scheinbar eigene, von der äußeren Welt unabhängige Gesetzmäßigkeiten, die das Bewusstsein bestimmen und nach denen es sich entwickelt. Bei Gehlen ist es beispielsweise die „idée directrice", die Führungsidee, die das ideative Bewusstsein speist und ihm ihre Logik verleiht. Die Herkunft oder Genese der „idée directrice" bleibt von Gehlen ungeklärt, ließe sich aber z.b. mit den Begriffen Macht und Herrschaft erklären und sogar ersetzen.

In der Teilung von Kopf- und Handarbeit sieht Marx die Entwicklung dieser Widersprüche angelegt, da durch sie die ungleiche qualitative wie quantitative Verteilung der Arbeit und ihrer Produkte gegeben ist. So kommt es zwangsläufig zu Interessengegensätzen. Der Arbeiter, der aufgrund der Trennung von seinen Produktionsmitteln dazu gezwungen ist, seine Ware Arbeitskraft zu verkaufen und sich der ihm zugewiesenen Rolle in der Arbeitsteilung einfügt, muss die Empfindung haben, dass die arbeitsteilige Tätigkeit zur Macht gegen ihn selbst wird. Der Mensch ist es, der sich dem Rhythmus und den Vorgaben des Arbeitsschrittes anpasst, anstatt ihn selbständig zu planen und zu initiieren. Marx stellt fest, dass „solange die Tätigkeit also nicht freiwillig, sondern naturwüchsig geteilt ist, die eigne Tat des Menschen ihm zu einer fremden, gegenüberstehenden Macht wird, die ihn unterjocht, statt daß er sie beherrscht." (Marx, 1969b, 33)

Ein weiteres Kennzeichen des falschen Bewusstseins ist die Beschränkung der Betrachtung auf die Oberfläche oder auf die Erscheinungsformen. Die Betrachtung allein dringt nicht zur Analyse vor, sondern wird auf die erscheinungsbezogene Seite der Wirklichkeit begrenzt. Diese (Wissenschafts-)Kritik übte Marx auch an den bürgerlichen Ökonomen wie beispielsweise Smith und Ricardo, die genuin kapitalistische Kategorien (vor allem den Wertbegriff) als scheinbare Naturgesetze übernahmen, um sie dann absolut zu setzen. Der Blick des politischen Ökonomen „hingegen bleibt nach Marx von der Oberfläche der bürgerlichen Gesellschaft geblendet, sein Träger bringt nach Marx die offensichtlichsten Phänomene durcheinander [...] und überträgt damit komplett begrifflos die Äquvalentform" (Sander, 1998, 58). Bestimmende Faktoren und Zusammenhänge geraten aus dem Blickfeld. Die Verzerrung hat dabei einen konkreten Nutzen, denn sie trägt zur Verschleierung von Macht und Herrschaft bei. „Sie (die Erklärung des bürgerlichen Bewusstseins, A.W.) zeigt zum Zweiten in konkreter Analyse, dass diese Täuschungen und Selbsttäuschungen der Bourgeoisie zum Vorteil gereicht, insofern sie die Tatsachen der Klassenherrschaft und der Ausbeutung in der kapitalistischen Herrschaft verschleiern und ihre Aufrechterhaltung eben dadurch erleichtern." (Hauck, 1992, 19f)

Die Teilhaftigkeit der Betrachtungsweise ist ein weiteres Kennzeichen des bürgerlichen Bewusstseins. Beispielsweise in so genannten postmodernen Theorien (vgl. hierzu beispielsweise Welsch, 1997) und der von ihnen nicht nur diagnostizierten, sondern sogar geforderten Pluralität, Diversifizierung oder Differenzierung und der betonten Abkehr von der Ganzheit und den sogenannten ‚Großen Erzählungen' finden sich diese Kennzeichen wieder. Einzelne Aspekte werden aus dem Zusammenhang gerissen und isoliert erforscht oder in einen fremden Zusammenhang gebracht, ohne ihren Entstehungs- und Wirkungszusammenhang in Betracht zu ziehen oder zumindest später darauf zurückzukommen. Der Zusammenhang, aus dem ein Forschungsgegenstand ausgeklammert wurde, wird dann nicht mehr in die Betrachtung zurückgeholt und dadurch kann es dazu kommen, dass der Forschungsgegenstand auf absolute und ausschließliche Weise erklärt und seine Bedeutung überschätzt wird. So wird nicht von der Ganzheit auf ihre Teile, sondern umgekehrt von einem Teil auf die Ganzheit geschlossen.

Die Wurzeln für solches Vorgehen sehen Marx und Engels in der Arbeitsteilung und der Spezialisierung der Arbeitsvorgänge (s.u.), bei denen der Überblick über den gesamten Arbeitszusammenhang und die Entwicklung von Produkten und deren weiterem Weg auf dem Markt verloren geht.

Weiteres Merkmal des falschen Bewusstseins ist das Fehlen von geschichtlichem Denken. Die Ungeschichtlichkeit besteht in der Verallgemeinerung einer Erkenntnis einer bestimmten geschichtlichen Periode. Selbst wenn bestimmte Gesetze für eben jene Epoche zu verallgemeinern sind, bedeutet dass nicht, dass diese Gesetze als naturgegeben und

ewig gültig angenommen werden können. Marx bemängelt den Ausgangspunkt, den die Wissenschaft fälschlicherweise im Heute wählt und
dessen Kategorien sie dann der Geschichte überstülpt, anstatt den der
Entwicklung entsprechenden Weg zu gehen: „Das Nachdenken über die
Formen des menschlichen Lebens, also auch ihre wissenschaftliche
Analyse schlägt überhaupt einen der wirklichen Entwicklung entgegengesetzten Weg ein. Es beginnt post festum und daher mit den fertigen Re-
sultaten des Entwicklungsprozesses." (Marx, 1971a, 89) So werden der
vergangenen Entwicklung einer konkreten Gesellschaftsform entsprin-
gende Kategorien und Begriffe übergestülpt und in einer Form verfälscht,
dass der Eindruck vermittelt wird, eben diese Kategorien seien zeit- und
raumlos gültig. Dabei handelt es sich tatsächlich nur um „gesellschaftlich
gültige, also objektive Gedankenformen für die Produktionsverhältnisse
dieser historisch bestimmten gesellschaftlichen Produktionsweise, der
Warenproduktion." (ebd., 90) Hier wird neben der bürgerlichen Wissenschaft insbesondere die bürgerliche Ökonomie, von ihm auch „Vulgär-
ökonomie" genannt, von Marx darin kritisiert, dass sie u.a. den Wertbegriff nicht in Frage stellte, sondern ihn als naturgegeben in ihre Wissenschaft übernahm: „Formeln, denen es auf der Stirn geschrieben steht,
daß sie einer Gesellschaftsformation angehören, worin der Produktionsprozeß die Menschen, der Mensch noch nicht den Produktionsprozeß
bemeistert, gelten ihrem bürgerlichem Bewußtsein für ebenso selbstver-
ständliche Naturnotwendigkeit als die produktive Arbeit selbst. Vorbürger-
liche Formen des gesellschaftlichen Produktionsorganismus werden daher von ihr behandelt wie etwa von den Kirchenvätern vorchristliche Reli-
gionen." (ebd., 95f) Die Geschichte hingegen wird vermittelt und darge-
stellt als ein vom Einzelnen und dem reellen Leben der Reproduktion unabhängiger und mit Eigendynamik belebter Prozess, der mit der Bewusstseinsbildung in keinem Zusammenhang steht: „[...] die wirkliche
Lebensproduktion erscheint als Urgeschichtlich, während das Geschichtliche als das vom gemeinen Leben Getrennte, Extra-Überweltliche erscheint. Das Verhältnis der Menschen zur Natur ist hiermit von der Geschichte ausgeschlossen, wodurch der Gegensatz von Natur und Ge-

schichte erzeugt wird. Sie (die ganze bisherige Geschichtsauffassung, A.W.) hat daher in der Geschichte nur politische Haupt- und Staatsaktionen und religiöse und überhaupt theoretische Kämpfe sehen können und speziell bei jeder geschichtlichen Epoche *die Illusion dieser Epoche teilen* müssen. Z.B. bildet sich eine Epoche ein, durch rein ‚politische' oder ‚religiöse' Motive bestimmt zu werden, obgleich ‚Religion' und ‚Politik' nur Formen ihrer wirklichen Motive sind, so akzeptiert ihr Geschichtsschreiber diese Meinung." (Marx, 1969b, 39)

Die Ignoranz gegenüber Interessen und Machtstrukturen ist ein weiteres Kennzeichen. So wird ein Standpunkt nicht daraufhin hinterfragt, welche Rolle sein Vertreter im Machtgefüge einnimmt und welche Interessen es sind, die seine Aussage beeinflussen. Ebenso wenig wird dann eine Institution auf ihre Daseinsberechtigung und Sinnhaftigkeit hinterfragt. Dabei soll es keineswegs Ziel sein, die Schuldfrage aufzuwerfen oder andererseits für Exculpierung zu sorgen. Unter dem Begriff der Charaktermaske werden von Marx die Rollen und Interessen der Akteure beschrieben. „Die ökonomische Charaktermaske des Kapitalisten hängt nur dadurch an einem Menschen fest, daß sein Geld fortwährend als Kapital funktioniert." (ebd., 591) Bei „Strafe des Untergangs" (Marx) ist der Kapitalist ebenso an seine Funktion gebunden, wie der Arbeiter auf Grund seiner Trennung von den Produktionsmitteln bei Strafe des Untergangs dazu gezwungen ist, seine Ware Arbeitskraft auf dem Markt anzubieten. Im Vorwort zur ersten Auflage des Kapital Band I schreibt Marx: „Weniger als jeder andere kann mein Standpunkt, der die Entwicklung der ökonomischen Gesellschaftsformation als einen naturgeschichtlichen Prozeß auffaßt, den einzelnen verantwortlich machen für Verhältnisse, deren Geschöpf er sozial bleibt, sosehr er sich auch subjektiv über sie erheben mag." (1971a, 16)

In der Arbeitsteilung ist also ein wichtiges Moment für die Entwicklung des falschen Bewusstseins angelegt. Für Marx beginnt die Teilung der Arbeit geschichtlich im Geschlechtsakt und endet in der Teilung von materieller und geistiger Arbeit. „Die Teilung der Arbeit wird erst wirklich

Teilung von dem Augenblicke an, wo eine Teilung der materiellen und geistigen Arbeit eintritt.* Von diesem Augenblicke an *kann* sich das Bewußtsein wirklich einbilden, etwas Andres als das Bewußtsein der bestehenden Praxis zu sein, *wirklich* etwas vorzustellen, ohne etwas Wirkliches vorzustellen – von diesem Augenblicke an ist das Bewußtsein imstande, sich von der Welt zu emanzipieren und zur Bildung der ‚reinen' Theorie, Theologie, Philosophie, Moral etc. überzugehen." (Marx, 1969b, 31) Erst mit der Teilung der Arbeit ist es möglich, dass die mit der Reproduktion einhergehenden Lebensäußerungen wie Arbeit, Genuss, Konsumtion voneinander getrennt werden und sich auf verschiedene Individuen verteilen. „Übrigens ist es ganz einerlei was das Bewußtsein alleene anfängt, wir erhalten aus diesem ganzen Dreck nur das eine Resultat, dass diese drei Momente, die Produktionskraft, der gesellschaftliche Zustand und das Bewußtsein, in Widerspruch untereinander geraten können und müssen" (Marx, 1969b, 32). Um diesen Widerspruch auszuschließen, wäre die Aufhebung der Arbeitsteilung nötig.

Weiterhin entstehen durch die Arbeitsteilung zahllose Einzelinteressen. „Denn jedem von den beiden (Warenbesitzern, A.W.) ist es nur um sich zu tun. Die einzige Macht, die sie zusammen und in ein Verhältnis bringt, ist die ihres Eigennutzes, ihres Sondervorteils, ihrer Privatinteressen." (Marx, 1971a, 190) Durch die ungewollte Festlegung auf eine Tätigkeit erscheint das System als Gewalt über den Einzelnen, die sich seiner Kontrolle und Macht entzieht. „Die soziale Macht, d.h. die vervielfachte Produktionskraft, die durch das in der Teilung der Arbeit bedingte Zusammenwirken der verschiedenen Individuen entsteht, erscheint diesen Individuen, weil das Zusammenwirken selbst nicht freiwillig, sondern naturwüchsig ist, nicht als ihre eigne, vereinte Macht, sondern als eine fremde, außer ihnen stehende Gewalt, von der sie nicht wissen woher und wohin, die sie also nicht mehr beherrschen können, die im Gegenteil nun eine eigentümliche, vom Wollen und Laufen der Menschen unabhängige, ja dies Wollen und Laufen erst dirigierende Reihenfolge von Phasen und Entwicklungsstufen durchläuft." (Marx, 1969b, 34) (Durkheims „orga-

nische Solidarität" erscheint hier in einem anderen Licht.) Das Allge-
meininteresse scheint im Widerspruch zum Einzelinteresse zu stehen.
Das Gemeinschaftliche erscheint in der Arbeitsteilung als gegenseitige
Abhängigkeit und fremde Macht, die sich dem Einzelnen entgegenstellt.
Obwohl das gemeinschaftliche Interesse noch existiert, ist es hinter den
Einzelinteressen und der scheinbaren Übermacht verborgen und nicht als
solches ersichtlich.

Weiterhin hat die Spezialisierung und Zergliederung des Arbeitsvorganges zur Folge, dass die an der Produktion beteiligten Personen den
Überblick für den Produktionszusammenhang verlieren. Hier kann man
die Teilhaftigkeit, die Oberflächlichkeit und die Ungeschichtlichkeit des
Denkens wiedererkennen, die sich vom Alltag der Arbeit auf die Betrachtungsweise des gesamten Lebenszusammenhanges ausgeweitet hat.

In „Deutsche Ideologie" nennt Marx neben der Aufhebung der Arbeitsteilung andere praktische Voraussetzungen, unter denen die Entfremdung
sich aufheben kann, nämlich die Zuspitzung der vom Kapitalismus strukturell erzeugten Widersprüche: „Damit sie eine ‚unerträgliche' Macht werde, d. h. eine Macht, gegen die man revolutioniert, dazu gehört, daß sie
die Masse der Menschheit als durchaus ‚Eigentumslos' erzeugt hat und
zugleich im Widerspruch zu einer vorhandenen Welt des Reichtums und
der Bildung, was beides eine große Steigerung der Produktivkraft, einen
hohen Grad ihrer Entwicklung voraussetzt" (Marx, 1969b, 34).
Er geht also davon aus, dass der Kapitalismus mit der selbst induzierten
Zuspitzung der systemimmanenten Widersprüche die Bedingungen zu
seiner eigenen Überwindung schafft (s.o.). Aber: Ein hoher Grad der Produktivkraft ist eine notwendige Voraussetzung, „weil ohne sie nur der
Mangel verallgemeinert, also mit der *Notdurft* auch der Streit um das
Notwendige wieder beginnen und die ganze alte Scheiße sich herstellen
müßte" (Marx, 1969b, 34f). Weiterhin bedarf es einer hohen Stufe der
Produktivität, weil sie einen „universellen Verkehr der Menschen" (ebd.,
35) bedingt und dadurch die Masse der produzierten „Eigentumslosen"
völkerübergreifend vergrößert, ebenso wie die Komplexität der Handel-

und Wirtschaftszusammenhänge und Abhängigkeiten zunimmt und dadurch die Wahrscheinlichkeit der Krisen größer wird. Von einer Krise wären dann nicht nur die Agenten kleiner Märkte, sondern eines universellen Marktes betroffen. Dieser gilt daher für Marx als weitere Voraussetzung für eine Umwälzung.

Am Beispiel des Kreditwesens stellt Marx fest, dass es die Entwicklung der Produktivkräfte und des Weltmarktes vorantreibt und bezeichnet diese Entwicklung als „historische Aufgabe der kapitalistischen Produktionsweise" (Marx, 1970, 457). Denn schließlich ist jeder Kapitalist dazu gezwungen, die Bedingungen seiner Produktion und seines Vertriebs zu perfektionieren. Der Widerspruch besteht hier darin, dass die zur Verfügung stehende Kapitalmenge eben dieser Entwicklung Grenzen setzt. Durch das Kreditwesen wird jene Grenze außer Kraft gesetzt und durchbrochen. Einerseits kann dadurch zwar das Ziel der Expansion erreicht, andererseits aber auch eine Krise hervorgerufen werden. Ein auf der Basis von Krediten handelnder Kapitalist riskiert nicht nur sein eigenes Kapital, sondern auch das der Gesellschaft. Denn hinter fremdem Kapital versteckt sich fremde Arbeit. „Gleichzeitig beschleunigt der Kredit die gewaltsamen Ausbrüche dieses Widerspruchs, die Krisen, und damit die Elemente der Auflösung der alten Produktionsweise." (ebd.)
Ein anderes Beispiel ist die Monopolbildung. Durch die aus der Logik der Konkurrenz hervorgehende und zwangsläufig zunehmende Monopolbildung wird rückwirkend eben jene zentrale Kategorie des Systems eingeschränkt. Der Konkurrenzmechanismus wird zunehmend außer Kraft gesetzt, da die Konkurrenten vom Markt schwinden. Gleichzeitig wird der Staat dazu gezwungen, sich einzumischen (vgl. Marx, 1970, 454). So werden aus eben den zu Grunde liegenden Mechanismen und Bedingungen des Kapitalismus selbst die Widersprüche produziert und voll zur Entfaltung gebracht, die laut Marx zur Aufhebung und Überwindung der Produktionsweise führen können.

Soweit die eine Seite eines Aufhebungsprozesses. Vernachlässigt wurde bisher ein anderer Aspekt, der einbezogen werden muss, wenn über Entwicklungspotential von Gesellschaft diskutiert werden soll. Auf der individuellen Seite müssen entsprechende Bedingungen vorliegen, vorausgesetzt, dass Geschichte sich nicht über die Köpfe der Individuen hinweg vollzieht. Die Aussage Marx', dass das gesellschaftliche Sein das gesellschaftliche Bewusstsein bestimme, wurde schon mehrfach angesprochen. „In der Regel wird der von Marx und Engels betonte Primat des Ökonomischen dahingehend interpretiert, daß eine einseitige Determinierung des Bewußtseins durch die Ökonomie vorliegt." (Petersen, 1998, 16) In den Kategorien der Kritik der politischen Ökonomie gehen ‚Gesellschaft' und ‚gesellschaftliches Bewusstsein' nicht gleichsam auf, doch aber ist, wie Marx (1974, 8) betont, die „Anatomie der bürgerlichen Gesellschaft in der politischen Ökonomie zu suchen". In einem Brief an Joseph Bloch betont Engels (1967, 463) entsprechend die Bedeutung der subjektiven Seite: „Nach materialistischer Geschichtsauffassung ist das in *letzter Instanz* bestimmende Moment in der Geschichte die Produktion und Reproduktion des wirklichen Lebens. [...] Wenn nun jemand das dahin verdreht, das ökonomische Moment sei das *einzig* bestimmende, so verwandelt er jenen Satz in eine nichtssagende, abstrakte, absurde Phrase." Denn alles, konkretisiert Engels (1973, 298), „was die Menschen in Bewegung setzt, muß durch ihren Kopf hindurch; aber welche Gestalt es in diesem Kopf annimmt, hängt sehr von den Umständen ab."

Engels bestimmte ‚Ideologie' als ‚falsches Bewusstsein'. Demgegenüber spricht Marx im ‚Kapital' konkreter von ‚Anschauungen', ‚Denk- oder Gedankenformen', ‚Vorstellungen' (vgl. Haug, 1999, 78ff) und zieht, statt „ohne weitere Bestimmung im Namen des richtigen oder wahren Bewußtseins Falschheit zu behaupten, [...] bestimmte Negationsbegriffe wie Verkehrung, Entfremdung, Verdinglichung, Fetischcharakter, falscher Schein usw. vor." (ebd., 81) Im Anspruch „unverstellter Welterkenntnis dank marxistischer Aufklärung über die gesellschaftlichen Zusammenhänge", so Haug (ebd., 78), wurde das Bewusstseinsproblem im Anschluss an Marx und Engels sehr breit und vor allem im Hinblick auf die Konstitutionsbedingungen des Klassenbewusstseins diskutiert. Dabei kommt Georg Lukács (1968, 167) besondere Bedeutung zu, für den eine *„objektive Theorie des Klassenbewußtseins [...] die Theorie seiner objektiven Möglichkeit"* ist. Engels aufgreifend fordert auch er, „daß dieses ‚falsche Bewußtsein' als Moment jener geschichtlichen Totalität, der es angehört, als Stufe jenes geschichtlichen Prozesses, in dem es wirksam ist, konkret untersucht werde." (ebd., 124) Lukács präzisiert, was er unter konkreter Untersuchung verstanden wissen will: „Beziehung auf die Gesellschaft als *Ganzes.* Denn erst in dieser Betrachtung erscheint das jeweilige Bewußtsein, das die Menschen über ihr Dasein haben, in allen seinen wesentlichen Bestimmungen. Es erscheint einerseits als etwas *subjektiv* aus der gesellschaftlich-geschichtlichen Lage heraus Berechtigtes, Verständliches und Zu-Verstehendes, also als ‚richtiges', und zugleich als etwas *objektiv* an dem Wesen der gesellschaftlichen Entwicklung Vorbeigehendes, sie nicht adäquat Treffendes und Ausdrückendes, also als ‚falsches Bewußtsein'." (obd., 125) Auch Haug (1999, 83) betont diese Bestimmung: „Notwendig verkehrtes Bewusstsein ist daher für MARX borniert-operationales (lebenspraktisch in bestimmten Schranken sich bewährendes) Bewusstsein-*in*-den-Verhältnissen, nicht *von* denselben. Vom ideologietheoretischen Standpunkt interessieren die darin eingeschlossenen Praxisformen und ihre Bewusstseinseffekte als Material und als Auftreffstrukturen, in denen Elemente einer ‚ideologischen Grammatik' präfiguriert sind". Diesem wichtigen Umstand gelte es Rechnung zu tragen und als *„Stoff* der eigentlichen geschichtlichen Untersuchungen" dann aber „auf die konkrete Totalität und die aus ihr folgenden dialektischen Bestimmungen" zu beziehen - so Lukács (1968, 126). Aufgabe der „sorgsamsten geschichtlichen Analyse" sei es „vermittels der Kategorie der objektiven Möglichkeit, klarzulegen, in welcher Lage der Dinge ein wirkliches Durchschauen des Scheines, ein Durchdringen zum wirklichen Zusammenhang mit der Totalität überhaupt im Bereich des Möglichen liegt." (ebd., 128)

Bei Adorno, wie hier nur anzumerken ist, um die Bandbreite wie Reichweite dieser Diskussion zu signalisieren, scheint dieser perspektivische Gedanke der Möglichkeit aufgegeben; so Adorno bündig (1998c, 43) : „Es gibt kein richtiges Leben im falschen." Das lässt Ritsert (2001, 135) zu der Einschätzung kommen: „Für Theodor W. Adorno läßt die kapitalistische Entwicklung wenig von den Subjekten übrig. Denn nach seiner Diagnose werden die Menschen mehr und mehr zu ‚Personen, die nichts mehr sind als Bestandteile der Maschinerie'". - Allerdings spricht Adorno nicht von „Bestandteile(n)", sondern benutzt den Begriff „Bestandstücke", und fährt im Anschluss an dieses Zitat, bei Ritsert nicht genannt, mit dem Satz fort: „Der Blick aufs Leben ist übergegangen in die Ideologie, die darüber betrügt, daß es keines mehr gibt." (Adorno, 1998c, 13) (Zur Auseinandersetzung mit den Begriffen 'Ideologie' und 'notwendig falsches Bewußtsein' bei Lukács und in der Kritischen Theorie vgl.: Projekt Ideologie-Theorie, 1979, 39ff)

Wie aber das Problem des Bewusstseins bei und in der Folge von Marx aufgenommen und diskutiert wurde, die Bestimmungen des ‚falschen' und ‚notwendig falschen Bewusstseins', die „Beziehung auf die Gesellschaft als *Ganzes*" (Lukács) und ihr Gewordensein, das Desiderat eines „Durchschauen des Scheines" (Lukács), eben nicht nur ein „Bewusstsein-*in*-den-Verhältnissen", ist kritisch an eben auch soziologische Theoriebildung anzulegen.

Das Bewusstseinsproblem ist in der Folge der Marxschen Analyse der Anatomie der bürgerlichen Gesellschaft immer auch als dem Problem von Macht und Herrschaft und politischer Handlungsfähigkeit eingelagert zu denken: „Fügsamkeit wird zur Freiwilligkeit, wenn die Ordnung verbindlich gemacht werden kann", wenn zu „Herrschaft institutionalisierte Macht [...] zunehmend entpersonalisiert, formalisiert, an Regeln gebunden und in soziale Strukturen integriert (wurde)" (Rolshausen, 1997b, 16f) und wird. Die Marxsche Kritik der politischen Ökonomie zeigt, „daß die Diremtion von politischer und ökonomischer Sphäre scheinhaft ist": Gegenüber traditionalen Gesellschaften „wird mit der kapitalistischen Produktionsweise ein Regelmechanismus für Wachstum, die Produktivität der Arbeit und die Einführung neuer Technologien institutionalisiert. Damit wird gleichzeitig die Legitimation von Herrschaft durch kosmologische Weltinterpretationen in Frage gestellt und Gerechtigkeit an die Äquivalenz von Tauschbeziehungen gebunden. In dem Maß, in dem die Eigentumsordnung zu einem Produktionsverhältnis wird, unterliegt die Gesellschaft einem Modernisierungszwang, der nach und nach alle Lebensbereiche erfaßt." (ebd., 177) Wie und ob dies in soziologischen Theorien reflektiert ist, ist ebenso kritisch an diese Erklärungsversuche anzulegen.

Es sei kurz rekapituliert, dass Durkheim durch sein Programm, „die sozialen Tatbestände ,wie Dinge' zu behandeln, dazu verführen (läßt), ,die Gesellschaft' zu einer selbständigen, außerhalb des Handelns der Gesellschaftsmitglieder existierenden Wesenheit zu vergegenständlichen, die dieses Handeln, obwohl aus ihm entstanden, vollständig beherrscht" (Hauck, 1991, 449). Immerhin sieht Durkheim dabei sehr genau, „daß mit dem Voranschreiten der gesellschaftlichen Arbeitsteilung die Individualität der einzelnen Gesellschaftsmitglieder immer mehr zunimmt. Er stufte dies als einen positiven Sachverhalt ein. Dabei dachte er nicht so sehr daran, daß mit Individualität ein Zugewinn an Lebenschancen für den einzelnen verbunden sein könnte. Mit Bezug auf die gesellschaftliche Integration erschien ihm wichtiger, daß Individualität die ,organische Solidarität' stärke" (Schimank, 2000, 45). Dass und warum dies ,gesellschaftlicher Schein' ist, entwickelt er nicht. Auch Simmel zeichnet in seiner „Kreuzung sozialer Kreise" nach, welche Folge die Differenzierungsform moderner Gesellschaft, insbesondere des wirtschaftlichen Handelns, im Hinblick auf die Individualität hat. Seine Analysen konvergieren z.T. mit denen von Marx, wobei für ihn die Relevanz der ,Ambivalenz der Moderne' für die Individuen darin liegt, „daß deren Individualisierung durch das Vordringen der Geldwirtschaft gefördert wird. Teilweise zusätzlich zur [...] ,Kreuzung sozialer Kreise', teilweise mit dieser zusammenwirkend steigert das Geld die Selbstbestimmung des einzelnen als institutionalisierte Wahlfreiheit.

Die ‚Charakterlosigkeit' und ‚reine Potentialität' des Geldes verschafft der Person ‚Unabhängigkeit'" (ebd., 75). Marx dagegen betont umgekehrt die über Tauschbeziehungen vermittelte „Entfremdung" des einzelnen von sich selbst und allen anderen Individuen, eine Reduzierung des einzelnen darauf, was im Begriff der „Charaktermaske" gefasst ist; eine Gefahr, die auch Simmel gesehen hat, dessen Sichtweise Schimank (ebd., 78) auf die lakonische Formel bringt: „Das Ausleben von Individualität ist eben ohne zumindest zeitweilige Erfahrung von Entfremdung, Zerrissenheit und Anomie nicht zu haben". In diesen Problematisierungen ist das Unsichtbarwerden von Macht und Herrschaft und individueller politischer Handlungsfähigkeit unter dem alle Lebensbereiche erfassenden „Modernisierungszwang" (s.o.) im Focus von ‚gesellschaftlicher Integration' mitgedacht; letzteres ein Problem teilsystemischer Ausdifferenzierung, was Weber an der Verselbständigung der „Wertsphären" festmacht. Er sieht durchaus, dass bei einer dem wirtschaftlichen Gewinnstreben entsprechenden Institutionalisierung des wirtschaftlichen Handelns ein Spannungsverhältnis dieser zu allen anderen „Wertsphären" auftritt. Je zügelloser das Gewinnstreben in der Sphäre wirtschaftlichen Handelns wird und indifferenter gegenüber in anderen „Wertsphären" angesiedelten gesellschaftlichen Belangen, „desto desintegrativere gesamtgesellschaftliche Wirkungen gehen davon aus." (ebd., 70) Ob und wie dem eine „objektive Möglichkeit" (Lukács) zu bewusstseinsmäßiger Durchdringung des ‚Scheins' eigelagert ist, liegt außerhalb des Weberschen Erkenntnisinteresses. Wie gesehen geht auf Durkheim der Gedanke zurück, dass sich immer mehr spezialisierende Rollen „mechanische Solidarität" auflösen, was als Integrationsproblem mit Webers Begriff der „Wertsphären" soziologisch fortgeführt und präzisiert ist. Auch bei Gehlen und dem seiner Institutionenlehre zu entnehmenden ‚Rollenbegriff' taucht diese Problem wieder auf. Furth (1991, 242) verallgemeinert erhellend: „Was ein Gesellschaftstheoretiker mit dem Rollenbegriff anfängt, ob er die deterministische Seite, den Systembezug der sozialen Rolle und ihren normativen Charakter, oder die Freiheitsseite, den Handlungsbezug der Rolle und ihren interpretativen Charakter, betont, hängt vor allem davon ab, welche

Dringlichkeit das Integrationsproblem für ihn hat. Wenn er den spontanen Entwicklungen der bürgerlichen Gesellschaft die Lösung des Integrationsproblems zutraut, wird er eher dazu neigen, dem subjektiven Anteil an der Rolle den Primat zu geben. Wenn er dagegen das Integrationsproblem der modernen Gesellschaft skeptisch einschätzt, wird er umgekehrt die institutionelle Objektivität der Rolle hervorheben." So habe Gehlen einen die Sachverhalte der Entfremdung nicht ausblendenden oder negierenden, sondern von ihnen ausgehenden Handlungsbegriff entwickelt, an dessen Stelle in seiner Theoriebildung schließlich der Begriff der „Institutionen" getreten sei, die den „Naturmangel des menschlichen Gemeinwesen" kompensierten (ebd., 244): „Die von Technik und Wissenschaft ermöglichte Emanzipation der zweiten von der ersten Natur nimmt den Institutionen den Außenhalt und bringt sie um ihre eigentliche Leistung, die darin besteht, der sozialen Motivation die Form reflexionsindifferenten Geltens zu geben. Die Folge ist eine Tendenz, die Gehlen so erbittert wie hoffnungslos als ‚Subjektivismus' bekämpft." (ebd., 246) Dagegen ist Gehlens Institutionenlehre „institutionsmoralische Intervention" (ebd.) - und mehr noch: in der Bekämpfung des ‚Subjektivismus' zeigt sich die erbitterte Gegnerschaft gegenüber einer im Rückgriff auf Marx möglichen Auffaltung des Bewusstseinsproblems im Hinblick auf seine emanzipatorischen Potenzen, im Hinblick auf mögliche politische Handlungsfähigkeit.

Schlusswort
Überlegungen zu aktuellen Theorieversuchen über gesellschaftliche Entwicklungen und Handlungsmöglichkeiten

Individualisierung, Risikogesellschaft, Wertezerfall, Dienstleistungs- und Wegwerfgesellschaft, Enttraditionalisierung, Spaßgesellschaft, Sinnverlust, Globalisierung, Zerfall der Familie, Solidaritätsverlust, Pluralisierung, Diversifizierung, ‚anything goes', Verlust der Kindheit, Patchwork-Identität, neuer Kapitalismus...

Die (in keiner Weise geordnete und willkürlich zusammengestellte) Liste der (nicht neuen) Schlagwörter aus der neueren Soziologie ließe sich fortsetzen. Was diese Bestandsaufnahmen und Zukunftsprognosen gemein haben, ist der Aspekt der (wertfrei zu fassenden) Erosion, der stärker oder schwächer, mal positiv, mal negativ in Szene gesetzt, zum Ausdruck kommt. Ein ‚qualitativer' Sprung gesellschaftlicher Entwicklung, suggerieren neue Erklärungsversuche, oder aber eine Optimierung des bestehenden sei demnach zu erwarten bzw. habe schon stattgefunden. Besonders die der Postmoderne zuzurechnenden Theoretiker (zu denen Lyotard [1999], der an Marx anschließt, hier im Hinblick auf seine vermeintlichen Erben nicht gezählt werden kann) meinen eine neue Gesellschaft, ein neues Subjekt, geprägt von Pluralität und alle Lebensbereiche betreffender Flexibilität, ausmachen zu können: „Fortan verkündet sie (die Postmoderne, A.W.) eine Zukunft, die nicht, wie der Posthistoire, die Stillegung der Unterschiede und eine neue Phase unüberschreitbarer Indifferenz bedeutet, sondern gerade eine Epoche gesteigerter Vielfalt und neuer Konstellationen und Interferenzen anzeigt." (Welsch, 1997, 18)

Es geht hier auch um die Frage, ob die bürgerlich-kapitalistische Gesellschaft tatsächlich vor einer qualitativen Veränderung oder nur der berechenbaren, fortschreitenden Ausbildung ihrer kapitalistischen Strukturen steht und ob „die beobachtbaren (sicher auch produktiv-) krisenhaften Unsicherheiten einer (immerhin fraglichen; s.u.) Moderne, ein (prognostizierter und vielleicht) über den Tellerrand der bürgerlichen Gesellschaft reichender Wandel von Wertordnungen und Solidaritätsnormen die Vision einer Zivilgesellschaft [...] erwarten lässt" (Schmieder, 2000, 119). Ist das angeblich Neue tatsächlich neu im Sinne einer neuen Idee, einer strukturell grundlegenden und auch subjektwirksamen Veränderung? Oder handelt es sich vielmehr um eine konsequente Fortentwicklung des Alten? Was ist von diesen Theorieansätzen mit Blick auf die politische Handlungsfähigkeit des Subjekts ablesbar? Wie kann eine von Auflösung im weitesten Sinne (Pluralisierung, Diversifizierung...) betroffene Gesellschaft noch einen gemeinsamen Konsens benennen, der den Zusammenhalt gewährleistet? Wie gelingt es einer solchen Gesellschaft noch, für ihren Selbsterhalt zu sorgen? Wie gelingt es langfristig, den Subjekten ihren Platz im gesellschaftlichen Interaktionsgefüge zuzuweisen und sie im Sinne des Systems zu sozialisieren? Inwiefern und inwieweit haben die Subjekte Einsicht in tatsächliche Entwicklungsmomente der Gesellschaft, in der sie leben, arbeiten und sich freizeitgemäß ‚vergnügen'?

Eine (später noch näher ausgeführte) Vermutung liegt bei allen Prognosen von Individualisierung und Differenzierung nahe: es muss angesichts des Ausbleibens strukturell grundlegender, massenhafter (s.u.) und radikaler (an die Wurzel gehender) Kritik noch immer ein übergeordneter Zusammenhang bestehen; ein gemeinsamer Konsens, der zwar nicht im Verborgenen liegt, aber in einer Form zu internalisieren ist, dass er als quasi Naturgegebenheit in den Alltag eingeht und zu einer Orientierung wird, die nicht in Frage gestellt wird.

Die neueren Freisetzungs- und Individualisierungsprozesse, die mit dem Übergang von der feudalen zur bürgerlichen Gesellschaft begannen und sich nun im Zuge der fortschreitenden Ausbildung des Kapitalismus verschärfen, haben das Individuum aus seinen traditionellen Bindungen und Sicherheiten gelöst. Als neuer Lebenszusammenhang ist nun die Arbeitsgesellschaft eingetreten, die mit ihrem Anforderungsprofil den Rahmen für Identitätsbildungsprozesse setzt. „Der einzelne wird zwar aus traditionalen Bindungen und Versorgungsbezügen herausgelöst, tauscht dafür aber die Zwänge des Arbeitsmarktes und der Konsumexistenz und der in ihnen enthaltenen Standardisierungen und Kontrollen ein." (Beck, 1986, 211) Auch Marx macht eine subjektive Lösung des Individuums aus Bindungen aus. Er sieht, wie schon erläutert, in der auf der Dominanz des Tauschwertes basierenden Arbeitsteilung ein zentrales Moment für die „Vereinzelung". Der Zusammenhang im Arbeits- und Marktgeschehen geht zwar nicht verloren, ist aber als solcher nicht mehr offenkundig. Das verbindende Element ist laut Marx nun die allen gemeinsame Orientierung (nur) am eigenen Wohl, das sich an den bürgerlich-kapitalistischen Werten orientiert. „Die einzige Macht, die sie (die Warenbesitzer, A. W.) zusammenbringt und in ein Verhältnis bringt, ist die ihres Eigennutzes, ihres Sondervorteils, ihrer Privatinteressen." (Marx, 1971a, 190 [s.o.]) Das Zusammenwirken im Arbeits- und Produktionsprozess erscheint nicht mehr als selbstgewählt und -konzipiert, sondern als oktroyiert. Damit erscheint auch die eigentlich gemeinsame Macht einer Gruppe, in der auf Grund ihrer ähnlich gelagerten Interessen Individuen verbunden sind, als äußerliche, fremde Gewalt, die dem individuellen Interesse scheinbar entgegengesetzt ist. Ergänzend dazu kann die Entwicklung von Begrifflichkeiten angeführt werden, die den von Marx analysierten Prozess ergänzen:

König (1992, 259) beispielsweise beschäftigt sich mit dem Begriff der ‚Masse'. Masse ist hier nicht im geläufigen quantitativen Sinne misszuverstehen. Vielmehr ist bei König im Sinne der alten soziologischen Definition Masse „das Erlebnis einer elementaren Verschmelzung und Verwandlung im Augenblicke der Massenaktion". Hier steht das Gemeinsame, das übergeordnete Verbindende und Sinngebende im Zentrum, während der heutige Begriff der Masse nur noch das „massenhafte Auftreten hochgradig individualisierter einzelner" meint. Die Wandlung der Bedeutung des Begriffs ‚Masse' ist kein Zufall. Günther Anders (1980, 87f) bezeichnet diesen Wandel sogar als revolutionär: „Da die *Masse von Individuen* [...] von der [...] *Massenhaftigkeit der Individuen* abgelöst worden ist, dürfen wir also von einer *‚Antiquiertheit der Masse'* sprechen. [...] Diese Ersetzung der Masse durch hergestellte Massenhaftigkeit ist *das* revolutionäre Ereignis unseres Jahrhunderts gewesen."

Obwohl bei Marx (und anderen) schon die Tendenz und Analyse dessen vorgezeichnet ist, was heute die aktuelle Soziologie beschäftigt, sehen Beck et al. eine gänzlich neue Entwicklung: „Im Zuge reflexiver Modernisierung entstehen eine neue Art von Kapitalismus, eine neue Art von Arbeit, eine neue Art von Subjektivität, eine neue Art alltäglichen Zusammenlebens, ja eine neue Art von Staat" (Beck, Bonß, Lau, 2001, 13). Welchen Einfluss nimmt die auch von Beck thematisierte Individualisierung aber auf den gesellschaftlichen wie auch politischen Zusammenhalt? Können sich die durch ihre Interessen verbundenen Individualisierten dann noch als Gruppe empfinden? Zur Diskussion steht dann auch, auf welcher Basis Individuen Identifikationsmuster und Zugehörigkeitsgefühl für sich entwickeln können.

Um der Frage nach dem Integrationspotenzial einer Gesellschaft nachzugehen, ist es auch zweckmäßig, den Alltagsverlauf der Individuen näher zu betrachten. Die Warenförmigkeit, die (in der kapitalistischen Gesellschaft) nicht nur die Ware selbst erfasst, sondern auch die Beziehungen und Menschen selbst, die ihre Ware Arbeitskraft feilbieten müssen, macht aus Individuen Anbieter und Konkurrenten. „Konkurrenzorientierung kennzeichnet infolge des aufgenötigten je individuellen Interesses hinsichtlich des Preises der Ware Arbeitskraft nicht nur die Beziehung zwischen Käufer und Verkäufer dieser Ware, sondern – vermittelt über die unterschiedliche Höhe des Preises (den Lohn) – auch die Beziehung der Anbieter untereinander." (Schmieder, 1991, 21) Dieses (Arbeits-) Marktgeschehen erfordert spezifische Verhaltensweisen und Persönlichkeitsstrategien, spezifisches Denken, Handeln und Empfinden. Die Fixierung auf den Tauschwert der Arbeit auf der Seite des Arbeitnehmers erfordert eine gewisse Gleichgültigkeit gegenüber den Inhalten und der Form der Tätigkeit. Dieser „instrumentellen Gleichgültigkeit" (ebd.) muss aber aus zweierlei Gründen eine Grenze gesetzt sein. Einerseits ist ein Maß an Engagement und Aufmerksamkeit notwendig, um die Arbeit zur Zufriedenheit des Vorgesetzten zu erledigen und damit auch die Absicherung des Arbeitsplatzes zu gewährleisten, aber auch um die eigene Frustration zu minimieren. So manifestieren sich systemische Widersprüche und

Ambivalenzen am Subjekt: „Konkurrenzorientierung und kollektive Orientierung; instrumentelle Gleichgültigkeit und Interesse an der Tätigkeit, verbunden mit dem Selbstbewußtsein und Stolz des Produzenten; Vereinzelung und sinnliche Erfahrung der Gesellschaftlichkeit (der Arbeit)" (ebd., 23).

Auch dieses folgende Beispiel aus der Alltagswirklichkeit kann die subjektwirksame gesellschaftliche Widerspruchstruktur darstellen: Unter anderem im Verhalten während eines Verkaufsgespräches spiegelt sich die Ambivalenz von Tausch- und Gebrauchswert wieder. Käufer und Verkäufer wissen jeweils und gegenseitig um ihre am Gebrauchs- bzw. Tauschwert orientierten Interessen, sodass zwischenmenschliche Interaktionen im Konsumtions- bzw. Reproduktionsprozess zu doppeldeutigen Realisierungen der egoistischen Zwecke unter Vorgaukelung von Empathie und Einfühlungsvermögen geraten, die jedoch letztlich die Umsetzung der Ziele absichern soll. Nicht nur das Misstrauen gegenüber den tatsächlichen Motiven des Gegenübers kann sich auf die Privatsphäre übertragen, sondern ebenfalls diese Verhaltensweisen der Rollenträger, was insofern auch identitätstheoretisch von Relevanz ist.

Die bürgerlich-kapitalistische Produktionsweise verlangt den Individuen also nicht nur zur Durchsetzung der eigenen Ziele rationales Vortäuschen von Interesse am Wohlergehen des Interaktionspartner ab, sondern permanente und unfassende egoistische Rationalität und das Verbergen von eigentlichen Motiven und Empfindungen. Die fortschreitende Konkurrenz zwingt den Anbieter seiner Ware Arbeitskraft, mit Professionalität sich und seine Kompetenzen gegenüber anderen Bewerbern hervorzuheben. Damit wird die Vereinzelung der Individuen gegeneinander vorangetrieben. Im Bewusstsein der Austauschbarkeit der von ihnen angebotenen Ware entsteht der Zwang, „'diese Austauschbarkeit durch Betonung und Inszenierung der Besonderheit, Einmaligkeit und Individualität der eigenen Leistung und Person zu unterlaufen und zu minimieren'" (Beck zit. n. Schmieder, 1991, 26). Der Rahmen für die Darstellung der individuellen Besonderheiten ist auch hier genauestens abgesteckt: dem Anforderungsprofil des modernen Arbeitsmenschen und des jeweiligen Arbeits-

147

platzes muss trotzdem noch entsprochen werden, sodass auch diese Inszenierung zum Balanceakt wird. Auf diese Weise nimmt die Anzahl der
in dieser Weise professionell gestalteten zwischenmenschlichen Verhältnisse und Interaktionen zu und die Zahl und Qualität der privaten, au-
thentischen Verhältnisse, die von der Rationalität des Alltags überschattet
werden, ab (vgl. hierzu Schmieder, 1991, 30f). Verhaltensweisen, die im
Berufsleben zwingend erforderlich sind, kollidieren mit jenen, die im Pri-
vatleben authentische Beziehungen gestalten und umgekehrt. „Die jeweilige situativ-soziale Ausstattung der verschiedenen Sphären verlangt die
subjektive Fähigkeit eines mehr oder minder hochgradig oszillierenden
Rollenverhaltens ab" (ebd., 31). Solche Analyse findet sich auch bei
Simmel. Er diskutierte den Prozess der Individualisierung unter den Begriffen Freiheit und Fremdheit (s.o.). Die Arbeitsteilung und der Geldverkehr bestimmen den Verkehr der Menschen untereinander in einer neuen
Weise: während in der Tauschwirtschaft eine persönliche Beziehung zu
den individuellen Produzenten und Handelspartnern bestand, vervielfacht
sich die Zahl der Handelspartner auf Grund der Arbeitsteilung. Zugleich
werden sie im Anschluss an die Einführung des Geldes unpersönlicher
und verändern sich in der oben genannten Form. Mit der Auswechselbar-
keit der Partner und der Reduzierung auf ihre Rolle im Tauschprozess
sinkt weiter die Hemmschwelle bezüglich der egoistischen Durchsetzung
der persönlichen Interessen. Wurde vormals noch im Hinblick auf die
nächste (ökonomische oder persönliche) Interaktion eine gewisse Grenze
der Ausreizbarkeit gewahrt, geht nun auch der soziale Druck verloren.
Schließlich gibt es genügend andere potenzielle Partner. Simmel spricht
von der Ambivalenz der „neuen Freiheit" gegenüber der „neuen Fremdheit" und steuert damit einen bedeutsamen Faktor zur Erklärung der Entstehung des modernen Individuums bei. Seine Argumentation gibt nicht
nur Aufschluss über moderne Identitätsbildungsprozesse, sondern auch
über die gesellschaftliche Integration. Deren Formen und Funktionswei-
sen sind „zugleich zwangsläufiges Resultat zunehmender Rollendifferenzierung und funktionales Erfordernis zur Bewältigung der aus dieser hervorgehenden gesellschaftlichen Integrationsprobleme." (Schimank, 2000,

53) Darauf reagiert das moderne ‚Ich'. Es ist ein Versuch erkennbar, den Verlust an Identität und Zugehörigkeit auszugleichen. Marianne Gronemeyer (1993, 62f) sieht dies mit der Tatsache belegt, dass eine betonte Rückbesinnung auf das ‚Selbst' in Form von Selbsthilfegruppen und Selbsterfahrungsgruppen mit dem Ziel der Selbstverwirklichung stattgefunden hat. Diese Selbstverwirklichungsgruppen haben die Eigenschaft gemein, reflexiven Charakter vorzutäuschen: „Diese Begriffe insinuieren, daß das Subjekt Herr im eigenen Haus sein könne und solle. [...] Tatsächlich hat die *Selbsthilfe* mit den reflexiven, subsistenten Tätigkeiten, an deren Verschwinden der moderne Lenkungswille so rege interessiert war, nichts gemein. [...] Sie handelt, dem ‚Selbst' zum Trotz, in fremdem Auftrag. [...] Selbsthilfeaktivitäten sind Verrichtungen des Selbst an sich selbst zur Beseitigung seiner Normalitätsdefizite." Gronemeyer erkennt hier also Anzeichen für ein Bedürfnis nach Selbständigkeit, Loslösung von Abhängigkeiten, nach Authentizität und Selbstbestimmung. Dem muss ein gegensätzliches Empfinden, ein Bedürfnis gegenüber stehen, dass außerdem geprägt ist von dem Eindruck, eine Identität müsse gefunden, vervollständigt oder gar erst geschaffen werden. Gronemeyer (ebd. 64) nennt einen weiteren Effekt der Selbsthilfe: „Sie eröffnet ein Betätigungsfeld, das ihn (den eingeschüchterten und tatenlosen Zuschauer, A.W.) bewahrt vor Anomie, Langeweile, Überdruß, Sinnkrisen und kränkenden Überdrüssigkeitsgefühlen, lauter explosiven Befindlichkeiten, die ihrerseits ein Sicherheitsrisiko darstellen." Die hier angesprochene Sicherheit meint wohl kaum nur die Sicherheit der Person mit und vor sich selbst, sondern auch und vor allem die Sicherheit des Staates bezüglich seines Fortbestandes. Auch Kurz (1999, 52) thematisiert die neu entdeckte Selbstbezüglichkeit: „Wie der warenförmige Narzißmus das Ich nicht etwa erhebt, sondern vernichtet, so erweist sich die von der Warenform diktierte Betonung des Persönlichen nicht als Renaissance der Privatsphäre, sondern als deren Zusammenbruch." Auch bei Keupp et al. (2000, 11ff) ist dieses Problem der Identitätsfindung innerhalb der Gemeinschaft thematisiert. Er spricht von der reflexiven Moderne, in der infolge der Globalisierung, den Freisetzungsprozessen und Individualisie-

rungsschüben das Subjekt zum „Baumeister (s)einer sozialen Land-
schaft" (ebd., 18f) wird. An Stelle der alten traditionsreichen Bindungen
und Sicherheiten, in die das Individuum vormals hineingeboren wurde,
hat das moderne Subjekt nun vielfältige Wahlmöglichkeiten, die es aktiv
und reflexiv zu gestalten gilt, vom „Identitätsarbeiter" ist bei Keupp die
Rede. „Die gewachsene Optionalität individueller Lebensplanung führt zur
Notwendigkeit, sich für spezifische Optionen zu entscheiden und für die
getroffenen Wahlen Kontexte sozialer Anerkennung zu schaffen. Solche
Netzwerke lassen sich als ‚posttraditionale Ligaturen' bezeichnen, als soziale Bezüge, die von den Entscheidungen der Subjekte (mit)bestimmt
sind." (ebd., 25) Auch Keupp et al. stellen sich die Frage nach der Quelle,
aus der sich bei aller Individualisierung die Solidarität speist, die zum gesellschaftlichen Fortbestand notwendig ist: „Doch wie wird unter solchen
Bedingungen die gesellschaftlich notwendige Solidarität produziert, jener
‚soziale Kitt', der die Gesellschaft zusammenhält?" (ebd., 24) Nach Meinung der Autoren stehen Individualisierung und Solidarität nicht im Widerspruch zueinander: „Solidaritätspotentiale entstehen heute weniger
auf der Basis traditioneller Bindung- und Identifikationsmuster [...] oder
Moralprinzipien, sondern sind Ausfluß von Selbstverwirklichungsansprü-
chen in kommunitärer Bezogenheit." (ebd., 25) Diese zunächst schwam-
mig verbleibende Erklärung wirft ihrerseits Fragen auf: zunächst einmal
wäre dieses spezielle Verhältnis von Selbstverwirklichung und Gemeinschaft zu präzisieren. Meint es die Umsetzung egoistischer Ziele in und
durch Gemeinschaft? Würde dies nicht auf einen Begriff von Solidarität
hinauslaufen, der auf gegenseitiger Instrumentalisierung basiert? Weiterhin stellt sich die Frage nach der Funktionstüchtigkeit einer solchen gesellschaftlichen Solidarität: vermag dieser gleichzeitig egoistische wie
gemeinschaftliche Sinn längerfristig und zufriedenstellend eine übergeordnete Klammer zu bilden? Oder ist doch eher eine Balance zwischen
Individualisierung und Vergesellschaftung gemeint? Dabei ist anzunehmen, dass moderne Gesellschaften, um Solidarität zu entwickeln, „der
Herausbildung einer gruppenübergreifenden Gemeinschaft von Bürgern
(bedürfen), die sich gegenseitig als autonome Individuen mit subjektiven

Rechten respektieren und die Ausübung dieser subjektiven Rechte durch die fortlaufende gemeinsame Konstruktion und Rekonstruktion von objektivem Recht aufeinander abstimmen." (Münch, 1998, 143) Zugleich darf Solidarität nicht an partikulare Gruppenzugehörigkeit gebunden sein, sondern muss einem übergeordneten Zusammenhang entwachsen; denn darin liege die Gefahr „des gesellschaftlichen Zerfalls in den partikularistischen Gruppenkampf." (ebd., 159) Laut Münch (ebd., 164) kann diese Gefahr durch die „Auflösung dieser Milieus und die Inklusion aller Bürger in die Gesellschaft durch die aktive Teilnahme an ihrem Leben" gebannt werden.

Die alte Frage von Ferdinand Tönnies nach dem Verhältnis von Gemeinschaft und Gesellschaft wiederholt sich also hier. Tönnies (1991, 3f) unterscheidet die Begriffe ‚Gesellschaft' und ‚Gemeinschaft': „Alles vertraute, heimliche, ausschließliche Zusammenleben […] wird als Leben in Gemeinschaft verstanden. Gesellschaft ist die Öffentlichkeit, ist die Welt." Der Begriff ‚Gemeinschaft' bezeichnet das alltäglich gelebte, dauerhafte Zusammenleben, während die Gesellschaft den institutionellen Rahmen dafür bildet. Dabei ist die „Gesellschaft nur ein vorübergehendes und scheinbares" Zusammenleben. Er weist darauf hin, dass „es keinen Individualismus in Geschichte und Cultur (gibt), außer wie er ausfließt aus Gemeinschaft und dadurch bedingt bleibt, oder wie er Gesellschaft hervorbringt und trägt" (ebd., XXIII). Ähnlich wie Marx sieht Tönnies die Solidarität bzw. die Vereinzelung als ein Produkt der Form des Zusammenlebens.

Schon Durkheim, der sich mit eben jener Frage nach dem Zusammenhang von Individualisierung und Solidarität beschäftigt hatte, sah die Solidarität zur einen Seite eng verknüpft mit der „moralischen Gesundheit" als deren Folge und zur anderen mit der Arbeitsteilung als deren Verursachungsprinzip. Er sieht eine quasi ‚natürliche' Form der Arbeitsteilung (wie beispielsweise im Geschlechtsakt zwischen Mann und Frau) als Basis für das Entstehen von „organischer Solidarität". Diese gemeinschaftliche Form der Arbeitsteilung, die Durkheim beschreibt, mag ja tatsächlich zu Gemeinschaft beitragen. Jedoch hat sich die bürgerlich-kapitalistische

Arbeitsteilung nicht mit dem Sinn und Zweck herausgebildet, die friedliche, gemeinsame und solidarische Reproduktion und Ernährung der Gemeinschaftsmitglieder zu gewährleisten, sondern entlang der Logik des Kapitalismus mit dem ‚weniger ehrenhaften Zweck', Mehrwert zu erwirtschaften und nachhaltig zu steigern. Obwohl Weber ähnlich wie Durkheim die eigentlichen Motive der Arbeitsteilung verkennt, macht auch er einen Differenzierungsschub aus, den der Wertsphären. Hier ist eine potenzielle Widerspruchsstruktur aufgezeigt, die allerdings nicht wie bei Marx langfristig zum Scheitern des Systems führt; Weber setzt gegen die Differenzierungstendenz auf die integrative Macht der übergeordneten „bürokratischen Herrschaft" und der „charismatischen Persönlichkeiten", die dann kreativ zum Einsatz kommen können, wenn die bürokratische Herrschaft zu verkrusten droht. Ein Begriff der Masse im qualitativen Sinne, also als „Masse der Atomisierten", die den „Keim für zukünftige elementare Ereignisse" (König, 1992, 260) in sich trägt, findet sich bei Weber nicht. Lediglich in seinem Bild von charismatischen Persönlichkeiten ist potenziell politische Handlungsfähigkeit angelegt, der Weber aber eine zeitliche Begrenzung ihrer Wirkung unterstellt – die charismatischen Persönlichkeiten werden über den Prozess der Gewöhnung von der folgenden bürokratischen Herrschaft untergraben.

Zurück zu dem (aktuellen) von Keupp et al. formulierten (s.o.) Verhältnis von Selbstverwirklichung und Gemeinschaft: diese Vereinigung kann, einen eng und nicht politisch gefassten Begriff der Solidarität vorausgesetzt, in begrenztem Maße funktionieren: nämlich wenn die Selbstverwirklichung und ihre Formen mit den gesellschaftlichen Normierungen abgestimmt und so weit vereinheitlicht sind, dass es zu keinen erheblicheren Kollisionen kommt. Auch wenn hier auf den ersten Blick ein Widerspruch zwischen Selbstverwirklichung und Vereinheitlichung bestehen mag, Legnaro (2001, 95ff) sieht einen Zusammenhang. „Über die Regulierungen [...] werden die Individuen mit ihren Interessen gleichermassen einbezogen und angekettet, befreit zu Akteuren ihrer selbst und zugleich in diesem Freiheitsspielraum effektvoll eingegrenzt, so dass sie nur jene

152

Freiheit wollen, die das System anzubieten hat" (ebd., 102). Diese in Bezug auf die Börse gemachte Aussage ist sicherlich verallgemeinerbar. Die Grenzen und Formen der Selbstverwirklichung und Freiheit sind abgesteckt. Marx spricht in diesem Zusammenhang von „goldenen Ketten": „Die materielle Lage des Arbeiters hat sich verbessert, aber auf Kosten seiner gesellschaftlichen Lage. […] Je rascher die Arbeiterklasse die ihr feindliche Macht, den fremden, über sie gebietenden Reichtum vermehrt und vergrößert, unter desto günstigeren Bedingungen wird ihr erlaubt, von neuem an der Vermehrung des bürgerlichen Reichtums, an der Vergrößerung der Macht des Kapitals zu arbeiten, zufrieden, sich selbst die goldnen Ketten zu schmieden, woran die Bourgeoisie sie hinter sich herschleift." (Marx, 1973b, 416) Marx beschreibt eine Tendenz, die sich heute auf der Ebene der Subjektwirksamkeit und der Identitätsbildung in veränderter, neu erscheinender Qualität diskutieren lässt. Legnaro (2001) spricht in Anlehnung an den Begriff der ‚allseitig entwickelten sozialistischen Persönlichkeit' von der „allseitig entwickelten kapitalistischen Persönlichkeit" und stellt, beide Systeme vergleichend, die Vermutung in den Raum, „dass diese (gesellschaftliche, A.W.) Tagesordnung unter den Prämissen einer globalen Marktgesellschaft möglicherweise vergleichbare oder sogar stringentere Totalität auf(weist) als unter den Bedingungen jener ‚kommoden Diktatur', als die Günter Grass die DDR einmal bezeichnet hat." (ebd., 95) Hier ließe sich wiederum der Begriff der Verdinglichung (Marx) heranziehen, der (unbewusste) Prozess, der die Grenzen und vorgefertigten Formen der ‚Selbstverwirklichung', wenn dieser Begriff dann überhaupt noch in den Kontext passt, als ‚Freiheit' ausweist.

Wagner (1999, 64f), der meint, die Soziologie befände sich in einer Theoriekrise, beschäftigt sich mit dem Begriff der ‚Differenzierung' und dessen Rolle in der heutigen soziologischen Diskussion. Er ist der Meinung, „daß so manches, was von Soziologen als interne Differenzierung registriert wird, sich bei näherer Betrachtung als Eingliederung und Verflechtung erweist."

Adorno (1997, 338), sich mit „Individualität und Geschichte" befassend, zieht einen Vergleich zu der Hegelschen Lehre von der Substantialität des Allgemeinen im Individuellen: „Während das nominalistische Gesetz ihnen (den Einzelsubjekten, A.W.) die Vereinzelung vorgaukelt, verhalten sie sich kollektiv. Soviel ist wahr an der Hegelschen Insistenz auf der Allgemeinheit des Besonderen, daß das Besondere in der verkehrten Gestalt ohnmächtiger und dem Allgemeinen preisgegebener Vereinzelung vom Prinzip der verkehrten Allgemeinheit diktiert wird." Hier wird deutlich, wie die Strukturen der ‚Allgemeinheit' das ‚Besondere' überformen, das folglich nicht mehr ‚besonders' ist, da es vom ‚Allgemeinen' definiert wird. So fährt Adorno (ebd., 339) fort: „Je mehr die Gesellschaft der Totalität zusteuert, die im Bann der Subjekte sich reproduziert, desto tiefer denn auch ihre Tendenz zur Dissoziation." In seiner weiteren Argumentation nimmt Adorno (ebd., 339f) eine Kritik postmodernen ‚anything goes' wie ebenso eine Skepsis gegen eine neue Art von Gesellschaftlichkeit und Subjektivität im Zuge reflexiver Modernisierung vorweg; dabei wird die objektive Widerspruchsstruktur aus kernstrukturellen Bestimmungen der Anatomie der bürgerlichen Gesellschaft thematisch - auch zur Seite ihrer praktisch-emanzipatorischen Wirkung (‚objektives Widerspiel'), aber nicht zwingend: „Was einstweilen fälschlich unterm Namen Pluralismus die totale Struktur der Gesellschaft wegleugnen möchte, empfängt seine Wahrheit von solcher sich ankündigenden Desintegration; dem Grauen zugleich und einer Realität, in der der Bann explodiert. Freuds ‚Unbehagen in der Kultur' hat einen Gehalt, der ihm schwerlich gegenwärtig war; nicht allein in der Psyche der Vergesellschafteten akkumuliert sich der Aggressionstrieb bis zum offen destruktiven Drang, sondern die totale Vergesellschaftung brütet objektiv ihr Widerspiel aus, ohne daß bis heute zu sagen wäre, ob es die Katastrophe ist oder die Befreiung."

Wie die Strukturen der ‚Allgemeinheit' im ‚Bann der Subjekte' das ‚Besondere' überformen, fasst Legnaro (2001, 95) unter dem Begriff einer „Verfertigung"; ein Begriff, der „vor allem andeuten (soll), dass es sich hier nicht um naturwüchsige Prozesse handelt, sondern um Prozesse der Steuerung und Identitätsformung". Den Rahmen gibt hierfür die Arbeits- und Marktgesellschaft ab, die ein entsprechend arbeitendes und konsumierendes Individuum produziert. „Es geht bei diesen Prozessen nicht bzw. nicht mehr ausschließlich um [...] die Fabrikation des zuverlässigen Menschen, also um die massenhaft gestanzte Herstellung gleichförmig disziplinierter Einzelwesen, deren Individuierung eher dem Programm zuwiderläuft; vielmehr geht es um miteinander verschränkte gesellschaftliche Algorithmen, deren Anwendung in Spontaneität und Freiheit genormte Individualisierungen hervorbringt." (ebd.)

Am Beispiel der Börse verdeutlicht Legnaro, welche „Funktionen und Bedeutungen [...] die ‚Börse' als kulturelle Chiffre für die Integration einer zunehmend fragmentierten Gesellschaft haben kann." (ebd., 99) Angesichts der Bandbreite derer, die sich für die Geschehnisse an der Börse interessieren und dort auch spekulieren, ist es inzwischen gelungen, nicht nur die vermeintlich ‚Großen' des Geschäfts in den Bann der Börse zu ziehen. „Es ist - bemerkenswerterweise - gelungen, Kapitalismus als eine weitgehend klassenlose Veranstaltung darzustellen, an der teilzunehmen (nahezu) jedem freisteht." (ebd., 101) Legnaro vergleicht das Integrationspotenzial der Börse mit der Sozialpolitik Bismarcks, die ja nicht der altruistischen sozialen Absicherung der Proletarier diente, sondern ihrer Integration in den Staat (vgl. ebd.). „Das Gesellschaftsspiel um Aktien und Börse herum dient vielmehr zunehmend auch als ein Vehikel der Integration in ein System totaler Marktförmigkeit." (ebd.) Risiko, Optionen, Verluste, Gewinne - das ‚Spiel' wird verallgemeinert, universalisiert und normalisiert, wird zur grundlegenden Lebensform.
Die Bedingungen der Börse übertragen sich auf das allgemeine (Privat-) Leben, fehlende Stabilitäten werden positiv gewendet zu den Begriffen Vitalität, Flexibilität und Freiheit. Vorgegaukelt wird, dass alle an dem ‚Spiel' teilhaben können und müssen, um das sich scheint's die Welt dreht: „So bezeichnet die Chiffre ‚Börse', nicht ganz frei von russischem Roulett, das optimistisch geschminkte krisenhafte Bewusstsein des *fin de siècle* - jeder seines Glückes Schmied, und wer keinen Amboss besitzt, kann ihn auch leasen. (Doch wehe jene, die nicht schmieden wollen)." (ebd.)

Dabei wird hier keineswegs agententheoretisch argumentiert; die Verhältnisse der Marktgesellschaft werden ja nicht nur ‚bereitet', sondern von den Individuen reproduziert (s. Marx) und erst dadurch gefestigt: „Der Altar wird uns bereitet - ihn zu verlebendigen, ist unsere Aufgabe als Konsumenten, als diejenigen mit den kleinen Börsen." (ebd., 98) An diesem (entwickelten) Beispiel der ‚Börse' wird deutlich, was Kofler (2000, 113f) entlang der Frage „Gibt es den perfekten Kapitalismus?" bereits 1956 in Bezug auf die marktförmig vereinnahmte Lebensform schrieb: „Je mehr das der kapitalistischen Lebensform wehrlos ausgelieferte hyperindividualisierte Individuum die Überzeugung gewinnt, dass es sein Glück nur in sich selbst finden kann und bestrebt ist, sich auf sich selbst zurückzuziehen, je mehr es glaubt, in sich selbst jenen Ruhepunkt zu finden, den es in der menschenfeindlichen Atmosphäre des Kampfes aller gegen alle nicht zu finden vermag, desto mehr verliert es sich, desto mehr entfremdet es sich seinen eigentlichen Bedürfnissen, deren es sich allerdings niemals voll bewusst wird, weil man ihm das Bewusstsein davon im kapitalistischen Kulturbetrieb raubt." Verbleibende Formen von Geselligkeit entpuppen sich als „letzte Residuen der menschlichen Gemeinschaftlichkeit", unter der „Bedingung der kapitalistischen Entfremdung und Entmenschlichung" nur noch „Form einer *schlechten* Gemeinschaftlichkeit": Eine nur noch ‚Fiktion', die, anschließend an Tönnies, Gesellschaft doch noch für ihren Stabilitätserhalt braucht.

Nach bisheriger Argumentation und mit Blick auf kritisch aufzunehmende aktuelle Theorieversuche über gesellschaftliche Entwicklungen und Handlungsmöglichkeiten scheinen sich zwei wesentliche Desiderate herauszuschälen: die Marktgesellschaft verlangt das Verhalten eines Konsumenten, die Arbeitsgesellschaft das eines ‚modernen Arbeitsnomaden'. Vom Arbeitnehmer werden Flexibilität, räumlich wie zeitlich, bezüglich der Arbeitsinhalte, des Verhaltens und der sozialen Kontakte gefordert. Zudem ist selbstverständlich, dass tatsächliche Motive, Empfindungen und Neigungen verborgen werden (können), Täuschungen zum Zwecke des

Eigennutzes vorgenommen werden usf. (s.o.). Allgegenwärtige Rationalität kennzeichnet den heutigen Berufsmenschen.

Lützeler (1998, 913) geht sogar so weit, den hiesigen Arbeitslosen die Arbeitsmigranten als Vorbild vorzuschlagen: „Das Nomadentum der Arbeitsmigranten ist ein Merkmal postmoderner Verfassung und Identität geworden. Und es könnte sein, dass in ihrem Beispiel ein Moment der Hoffnung für die Arbeitslosen liegt. [...] Der Nomade steht (bei aller Verhaftung an eine bestimmte Kultur) für Mobilität, für Beweglichkeit, für das Undogmatische, für das Wandern zwischen den Welten, für die Faszination durch das Andere, für die Bereitschaft, Vertrautes zu verlassen, für die instabile proteushafte, nicht fixierte Identität, aber auch die Rückkehr zum Ausgangsort, der wiederum nie als letzter Zielpunkt verstanden wird."

Hier werden die im Zuge gegenwärtiger gesellschaftlicher Entwicklung aufgeherrschten Verhaltens- und Persönlichkeitsprofile exakt beschrieben und noch zynisch überhöht, anstatt die Funktionstüchtigkeit einer dem Anschein nach scheiternden Arbeitsgesellschaft in Frage zu stellen: „Hier von den Arbeitsmigranten aus den ärmeren Ländern zu lernen, erscheint als notwendige, aber bisher kaum wahrgenommene aktuelle Aufgabe." (ebd., 916)

Nicht zufällig war eines der Schlagworte der Postmodernen also die ‚Flexibilität'. Sie spiegeln in ihren Forderungen an Subjekt und Gesellschaft lediglich die Anforderungen der Verhältnisse wieder und geben als selbstgewählt und gut aus, was Gesellschaft von ihnen als Sozialcharaktere verlangt. Ein Verdrängungsmechanismus scheint hier wirksam zu werden: die erlebte Machtlosigkeit und Überformung durch die Verhältnisse wird umgekehrt in eine angebliche freie Wahl eben derselben Verhältnisse. „‚Selbstverwirklichung' ist insofern nichts anderes als die Verdrängung von Gesellschaftskritik durch ihre Umwandlung in Sinn- und Persönlichkeitsdesign" (Kurz, 1999, 34). So ist und wirkt die (neuere) postmoderne ‚Theorie' affirmativ und leistet damit Verdrängungsarbeit;

Verdrängung auch einer Krise. „So stellt die dekonstruktiv fortentwickelte Postmoderne die vielleicht raffinierteste kapitalistische Integrationsleistung dar, vorgedacht und vollbracht von den Borderliner‚Lebensästheten'." (ebd., 35)

Legnaro (2001, 104) bescheinigt den „heutigen spätmodernen Optionen", dass sie „(im Gegensatz zu älteren ähnlich anmutenden Mechanismen) eine wirkungsvoll arrangierte Freiheits-Illusion (schaffen). Durch Interaktivität und die Herausforderung zur Auswahl aus der Vielfalt des Angebotenen, durch das Klicken mit der Maus und das Zappen mit der Fernbedienung, durch die in diesen technischen Möglichkeiten eingelassenen Optionsarbeit entfaltet sich ein scheinbar unendlicher Raum der Freiheit, der sich zudem ständig, dem Universum gleich ausdehnt".
Die Ideologie der Arbeits- und Konsumgesellschaft scheint also trotz ihres zu beobachtenden Scheiterns zu funktionieren. (Von Lützeler, aber das nur am Rande, kann man außerdem noch lernen, was heute und generell Entfremdung bedeutet: „Entfremdung resultiert nicht mehr aus einem Übermaß, sondern aus einem Mangel an Arbeit." [Lützeler, 1998, 911])

Die aktuelle Diskussion um den Formenwandel sozialer Landschaften und das Subjekt an der Schwelle zu einer neuen (?) Gesellschaft und einer neuen (?) Form der Integration findet sich inhaltlich schon (nicht nur) in der Marxschen Analyse; klassische Soziologen bieten eine sinnvolle Ergänzung. Als besonders aktuell erweist sich aber Marx' Begriff der ‚Verdinglichung'. Ihre heutige Alltagswirksamkeit ist bei Legnaro (2001,104) skizziert: „ein Regime der Feinsteuerung, einer Steuerung von so veralltäglicht-selbstverständlicher Freiheit, dass sich niemand gesteuert zu fühlen Anlass hat, gehen doch nur alle ihren legitimen und allzu verständlichen Interessen nach erhöhtem Einkommen und guter Unterhaltung nach." Dieser veralltäglichten-selbstverständlichen Freiheit gehen auch die Spätausläufer der Postmodernen mit ihrem Verständnis von Diversifizierung auf den Leim; die Grenzen und Formen dieser ‚Freiheit' werden weder diskutiert, noch in Frage gestellt; ebenso wenig werden die

grundlegenden historisch gewachsenen Strukturen, die diese ‚Freiheit'
konturieren, thematisiert.

Wirklich neu ist auch die Fragestellung von Keupp et al. nach der modernen Identität und Gesellschaft und ihrem Zusammenhalt nicht. Identität
formiert sich nach wie vor entlang und innerhalb der von der Struktur vor-
gegebenen Grenzen.

Das Geraune von der großen Freiheit, der Selbstverwirklichung und Pluralität, der Diversifikation und Unabhängigkeit wirkt als Verdrängung der
eigentlichen Unfreiheit. Als übermächtig empfundene Verhältnisse werden fälschlicherweise als die natürliche und gerechtfertigte Lebensform
ausgegeben, um eben den Gedanken an die scheinbare und empfundene Übermacht zu verdängen.

Hier zeichnet sich das Fortschreiten einer Entwicklung ab, die der Logik
der bürgerlich-kapitalistischen Gesellschaft folgt. Die Subjektwirksamkeit
und die Macht der Internalisierung ist qualitativ auf eine höhere Ebene
gelangt; es bedarf kaum noch der Züchtigungs- oder Diszipliniorunge-
maßnahmen, um die Logik des Systems durchzusetzen und zu erhalten.
Nicht nur das vom System abverlangte Identitätsprofil und die Verhal-
tensmaßregeln sind internalisiert, auch die eigene Disziplinierung ist im
‚Subjektpaket' enthalten. Allerdings verliert auch diese Form der Selbstdisziplinierung dann ihre Funktion, je mehr der Gedanke an Kritik in die
Ferne rückt.

Kritisches Bewusstsein setzt wiederum die Strukturen und Bewegungs-
momente als bekannt voraus, was auf dieser Stufe der Internalisierung
und ‚Normalisierung' - geradezu Naturalisierung - zunehmend schwieriger
wird.

Daran sollte sich eine sich als kritische verstehende, in diesem Sinne sich
empirisch vergewissernde Soziologie anschließen.

LITERATURVERZEICHNIS

Adorno, Th. W.: Negative Dialektik. Jargon der Eigentlichkeit. Frankfurt a. Main 1997.

Adorno, Th. W.: Soziologie und empirische Forschung. In: Ders.: Soziologische Schriften I. Frankfurt a. Main 1998.

Adorno, Th. W.: Einleitung zu Emile Durkheims „Soziologie und Philosophie". In: Ders.: Soziologische Schriften I. Frankfurt a. Main 1998.

Adorno, Th. W.: Minima Moralia. In: Ders.: Gesammelte Schriften. Band 4. Darmstadt 1998c.

Anders, G.: Die Antiquiertheit des Menschen. Zweiter Band. Über die Zerstörung des Lebens im Zeitalter der dritten industriellen Revolution. München 1980.

Beck, U.:   Risikogesellschaft. Auf dem Weg in eine andere Moderne. Frankfurt a. Main 1986.

Beck, U., W. Bonß, C. Lau: Theorie reflexiver Modernisierung – Fragestellungen, Hypothesen, Forschungsprogramme. In: Beck, U., W. Bonß (Hrsg.): Die Modernisierung der Moderne. Frankfurt a. Main 2001.

Berger, P., T. Luckmann: Die gesellschaftliche Konstruktion der Wirklichkeit. Eine Theorie der Wissenssoziologie. Frankfurt a. Main 1966.

Brunkhorst, H.: Entwicklung des Rationalitätbegriffs. In: Kerber, H., A. Schmieder (Hrsg.): Soziologie. Arbeitsfelder, Theorien, Ausbildung. Ein Grundkurs. Reinbek bei Hamburg 1991.

Cohen, P. S.: Moderne soziologische Theorie. Erklärungsmodelle zwischenmenschlichen Verhaltens. Wien. Köln. Graz 1972.

Durkheim, É.: Regeln der soziologischen Methode. Neuwied und Berlin 1976.

Durkheim, É.: Erziehung, Moral und Gesellschaft. Frankfurt a. Main 1984.

Durkheim, É.: Über soziale Arbeitsteilung: Studie über die Organisation höherer Gesellschaften. Frankfurt a. Main 1999.

Engels, F.: Engels an Joseph Bloch. In: MEW Bd. 37. Berlin 1967.

Engels, F.: Ludwig Feuerbach und der Ausgang der klassischen deutschen Philosophie. In: MEW Bd. 21. Berlin 1973.

Furth, P.: Soziale Rolle, Institution und Freiheit. In: Kerber, H., A. Schmieder (Hrsg.): Soziologie. Arbeitsfelder, Theorien, Ausbildung. Ein Grundkurs. Reinbek bei Hamburg 1991.

Gehlen, A.: Sozialpsychologische Probleme der industriellen Gesellschaft. Tübingen 1949.

Gehlen, A.: Anthropologische Forschung. Reinbek bei Hamburg 1961.

Gehlen, A.: Der Mensch. Frankfurt a. Main. Bonn 1962.

Gehlen, A.: Studien zur Anthropologie und Soziologie. Neuwied a. Rhein. Berlin 1963.

Gehlen, A.: Urmensch und Spätkultur. Philosophische Ergebnisse und Aussagen. Frankfurt a. Main. Bonn 1964.

Gelis, P.: Bewußt-Seinskritik. Zum Problem des Bewußtseins in der Anthropologie Arnold Gehlens. Giessen 1974.

Gronemeyer, M.: Das Leben als letzte Gelegenheit. Sicherheitsbedürfnisse und Zeitknappheit. Darmstadt 1993.

Habermas, J.: Theorie des kommunikativen Handelns. Band 2. Zur Kritik der funktionalistischen Vernunft. Frankfurt a. Main 1999.

Hauck, G.: Geschichte der soziologischen Theorie. Eine ideologiekritische Einführung. Reinbek bei Hamburg 1984.

Hauck, G.: Soziologie als positive Wissenschaft. In: Kerber, H., A. Schmieder (Hrsg.): Soziologie. Arbeitsfelder, Theorien, Ausbildung. Ein Grundkurs. Reinbek bei Hamburg 1991.

Hauck, G.: Einführung in die Ideologiekritik. Bürgerliches Bewußtsein in Klassik, Moderne und Postmoderne. Hamburg 1992.

Haug, W. F.: falsches Bewußtsein. In: Ders. (Hrsg.): Historisch-
kritisches Wörterbuch des Marxismus. Bd. 4. Hamburg 1999.

Hobbes, Th.: Vom Menschen, vom Bürger. Hamburg 1959.

Hobbes, Th.: Leviathan. Stuttgart 1976.

Horkheimer, M., Adorno, Th. W.: Dialektik der Aufklärung. Amsterdam
1947.

Joas, H.: Handeln, soziales. In.: Kerber, H., A. Schmieder (Hrsg.):
Handbuch Soziologie. Zur Theorie und Praxis sozialer
Beziehungen. Reinbek bei Hamburg 1984.

Jonas, F.: Die Institutionenlehre Arnold Gehlens. Tübingen 1966.

Jonas, F.: Geschichte der Soziologie. Von der Jahrhundertwende bis
zur Gegenwart. 2 Bände. Reinbek bei Hamburg 1976.

Kant, I.: Schriften zur Anthropologie, Geschichtsphilosophie, Politik
und Pädagogik 1. Werkausgabe Band XI. Frankfurt am Main
1977.

Kant, I.: Schriften zur Anthropologie, Geschichtsphilosophie, Politik
und Pädagogik 2. Werkausgabe Band XII. Frankfurt a. Main
1977 b.

Kerber, H.: Zur Theorie des kommunikativen Handelns und ihrer Kritik
am Systemfunktionalismus. In: Kerber, H., A. Schmieder
(Hrsg.): Soziologie. Arbeitsfelder, Theorien, Ausbildung. Ein
Grundkurs. Reinbek bei Hamburg 1991.

Kerber H., A. Schmieder: Motivation. In: Grubitzsch, S., K. Weber
(Hrsg.): Psychologische Grundbegriffe. Reinbek bei Hamburg
1998.
Kerber, H., A. Schmieder: Frühbürgerliche Gesellschaftsvorstellungen.
In: Dies. (Hrsg.): Soziologie. Arbeitsfelder, Theorien, Ausbil-
dung. Ein Grundkurs. Reinbek bei Hamburg 1991.

Kerber, H., A. Schmieder (Hrsg.): Handbuch Soziologie. Zur Theorie
und Praxis sozialer Beziehungen. Reinbek bei Hamburg
1984.

Kerber, H., A. Schmieder: Soziologie und Gesellschaft. In: Dies. (Hrsg.): Spezielle Soziologien. Reinbek bei Hamburg 1994.

Keupp, H., R. Höfer et al.: Zum Formenwandel sozialer Landschaften in der reflexiven Moderne. Individualisierung und posttraditionale Ligaturen. In: Psychologie & Gesellschaftskritik. Nr. 95/96. 2000.

Kiss, G.:   Einführung in die Soziologischen Theorien II. Opladen 1975.

Klingemann, C.: Ursachenanalyse und ethnopolitische Gegenstrategien zum Landarbeitermangel in den Ostgebieten: Max Weber, das Institut für Staatsforschung und der Reichsführer SS. In: Jahrbuch für Soziologiegeschichte 1994. Opladen 1996.

König, H.:   Zivilisation und Leidenschaft. Die Masse im bürgerlichen Zeitalter. Reinbek bei Hamburg 1992.

Kofler, L.: Zur Kritik bürgerlicher Freiheit. Ausgewählte politisch-philosophische Texte eines marxistischen Einzelgängers. Hamburg 2000.

Korte, H.:   Einführung in die Geschichte der Soziologie. Opladen 1992.

Kuhn, H.:   Der lange Marsch in den Faschismus. Zur Theorie der Institutionen in der bürgerlichen Gesellschaft. Berlin 1974.

Kurz, R.:   Die Welt als Wille und Design. Postmoderne, Lifestyle-Linke und die Ästhetisierung der Krise. Berlin 1999.

Legnaro, A.: Dax, Drugs & Event Marketing - einige Notizen zur Verfertigung der allseitig entwickelten kapitalistischen Persönlichkeit. In: Legnaro, A., A. Schmieder (Hrsg.): Deregulierung der Sucht. Jahrbuch Suchtforschung. Band 2. Münster 2001.

Lenk, K.:   Ideologiebegriff und Ideologiekritik. In: Kerber, H., A. Schmieder (Hrsg.): Soziologie. Arbeitsfelder, Theorien, Ausbildung. Ein Grundkurs. Reinbek bei Hamburg 1991.

Locke, J.:   Gedanken über Erziehung. Stuttgart 1970.

Locke, J.:   Über die Regierung. Stuttgart 1974.

Lützeler, P.: Nomadentum und Arbeitslosigkeit. Identität in der
    Postmoderne. In: Merkur. Deutsche Zeitschrift für
    europäisches Denken. Heft 9/10. Stuttgart 1998.

Lukács, G.: Geschichte und Klassenbewußtsein. Studien über
    marxistische Dialektik. Neuwied und Berlin 1968.

Lyotard, J.-F.: Das postmoderne Wissen. Ein Bericht. Wien 1999.

Marx, K.: Texte zur Methode und Praxis II. Pariser Manuskripte 1844.
    Reinbek bei Hamburg 1968.

Marx, K. (1969a): Thesen über Feuerbach. In: MEW Bd. 3. Berlin 1969.

Marx, K. (1969b): Deutsche Ideologie. In: MEW Bd. 3. Berlin 1969.

Marx, K.: Das Kapital. Kritik der politischen Ökonomie. Dritter
    Band. Der Gesamtprozeß der kapitalistischen Produktion. In:
    MEW Bd. 25. Berlin 1970.

Marx, K. (1970a): Die heilige Familie oder Kritik der kritischen Vernunft.
    In: MEW Bd. 2. Berlin 1970.

Marx, K. (1971a): Das Kapital. Kritik der politischen Ökonomie. Erster
    Band. Der Produktionsprozeß des Kapitals. In: MEW Bd. 23.
    Berlin 1971.

Marx, K. (1971b): Manifest der Kommunistischen Partei. In: MEW Bd. 4.
    Berlin 1971.

Marx, K.: Der achtzehnte Brumaire des Louis Bonaparte. In: MEW Bd.
    8. Berlin 1972.

Marx, K.: Zur Kritik der Politischen Ökonomie. In: MEW Bd. 13. Berlin
    1974.

Marx, K. (1974b): Grundrisse der Kritik der politischen Ökonomie. Berlin
    1974.

Maturana: Zur Biologie der Kognition. Hrsg. von V. Riegas, Ch. Vetter.
    Frankfurt a. Main 1993.

Milz, H.: Gehlen, Arnold. Die Seele im technischen Zeitalter.
    Sozialpsychologische Probleme in der industriellen

Gesellschaft. In: S. Papcke, G. W. Oesterdiekhoff (Hrsg.):
Schlüsselwerke der Soziologie. Wiesbaden 2001.

Most, J.: Kapital und Arbeit. ‚Das Kapital' in einer handlichen
Zusammenfassung. Frankfurt a. Main 1972.

Müller-Doohm, S.: Zur Genese neuzeitlicher Subjektivität. In:
Psychologie & Gesellschaftskritik. 41. 1987.

Münch, R.: Globale Dynamik, lokale Lebenswelten. Der schwierige Weg
in die Weltgesellschaft. Frankfurt a. Main 1998.

Obermeier, O. P.: Positivismus. In: H. Kerber, A. Schmieder (Hrsg.):
Handbuch Soziologie. Reinbek bei Hamburg 1991.

Oelmüller, W. (Hrsg.): Wozu noch Geschichte? München 1977.

O'Neill, J.: Kritik und Erinnerung. Studien zur politischen und sinnlichen
Emanzipation. Frankfurt a. Main 1979.

Petersen, T.: Subjektive Voraussetzungen für die Transformation der
kapitalistischen Gesellschaft. In: Hintergrund. Marxistische
Zeitschrift für Gesellschaftstheorie und Politik. III –1998.

Projekt Ideologie-Theorie: Theorien über Ideologie. Argument
Sonderband 40. Berlin 1979.

Rammstedt, O.: Simmel, Georg. Soziolgie. Untersuchungen über die
Formen der Vergesellschaftung. In: Papcke, S., G. W.
Oesterdiekhoff (Hrsg.): Schlüsselwerke der Soziologie.
Wiesbaden 2001.

Ritsert, J.: Soziologie des Individuums. Darmstadt 2001.

Rjazanov, D.: Marx und Engels nicht nur für Anfänger. Berlin 1973.

Rolshausen, C.: Zur Soziologie Max Webers. In: Kerber, H., A.
Schmieder (Hrsg.): Soziologie. Arbeitsfelder, Theorien,
Ausbildung. Ein Grundkurs. Reinbek bei Hamburg 1991.

Rolshausen, C.: Vernunft und Gesellschaft. In: D. Behrens (Hrsg.):
Politik und soziale Praxis. Freiburg 1997.

Rolshausen, C.: Macht und Herrschaft. Münster 1997b.

Rolshausen, C.: Gehlen, Arnold. Der Mensch. Seine Natur und seine Stellung in der Welt. In: S. Papcke, G. W. Oesterdiekhoff (Hrsg.): Schlüsselwerke der Soziologie. Wiesbaden 2001.

Rotermundt, R.: Jedes Ende ist ein Anfang. Auffassungen vom Ende der Geschichte. Darmstadt 1994.

Rousseau, J.-J.: Gesellschaftsvertrag. Stuttgart 1977.

Rousseau, J.-J.: Schriften zur Kulturkritik. Hamburg 1978.

Sander, E.: Die kleinen Spekulanten. In: Klingemann, C., C. Rolshausen, A. Schmieder (Hrsg.): Wirklichkeit begreifen. Festschrift für Harald Kerber. Osnabrück 1998.

Sarasin, Ph.: Reizbare Maschinen. Frankfurt a. Main 2001.

Schellong, D.: Kritik und Bewahrung christlicher Tradition in der Moderne. In: Oelmüller, W. (Hrsg.): Wozu noch Geschichte? München 1977.

Schimank, U.: Theorien gesellschaftlicher Differenzierung. Opladen 2000.

Schmieder, A.: Individuum und gesellschaftliches Leben. In: Kerber, H., A. Schmieder (Hrsg.): Soziologie. Arbeitsfelder, Theorien, Ausbildung. Ein Grundkurs. Reinbek bei Hamburg 1991.

Schmieder, A.: Welche Moderne, wie refelxiv? In: Psychologie & Gesellschaftskritik. Subjekt im Umbruch. Nr. 95/96. 2000.

Simmel, G.: Philosophie des Geldes. Gesamtausgabe Band 6. Frankfurt a. Main 1989.

Simmel, G.: Soziologie. Untersuchungen über die Formen der Vergesellschaftung. Gesamtausgabe Band II. Frankfurt a. Main 1992.

Simmel, G.: Schriften zur Soziologie. Frankfurt a. Main 1992a.

Smith, A.: Theorie der ethischen Gefühle. Hamburg 1977.

Tönnies, F.: Gemeinschaft und Gesellschaft. Darmstadt 1991.

Toulmin, S.: Kosmopolis. Die unerkannten Aufgaben der Moderne. Frankfurt a. Main 1991.

Veblen, Th.: Theorie der feinen Leute. Eine ökonomische Untersuchung der Institutionen. Frankfurt a. Main 1997.

Wagner, G.: Herausforderung Vielfalt. Plädoyer für eine kosmopolitische Soziologie. Konstanz 1999.

Waibl, E.:   Ökonomie und Ethik I. Stuttgart - Bad Cannstatt 1988.

Weber, M.: Wissenschaft als Beruf. Berlin 1967.

Weber, M.: Wirtschaft und Gesellschaft. Tübingen 1972.

Weber, M.: Gesammelte Aufsätze zur Wissenschaftslehre. Tübingen 1973.

Weber, M.: Gesammelte Aufsätze zur Religionssoziologie I. Tübingen 1978.

Welsch, W.: Unsere postmoderne Moderne. Berlin 1997.

www.ingramcontent.com/pod-product-compliance
Lightning Source LLC
Chambersburg PA
CBHW022321280326
41932CB00010B/1179